Nongcun Jichu Sheshi Touzi
Gongxiandu ji Zhengfu Juese
Dingwei Manyidu Ceping

农村基础设施投资贡献度及政府角色定位满意度测评

徐淑红 / 著

北京大学出版社
PEKING UNIVERSITY PRESS

内 容 简 介

本书在对农村基础设施概念及特点进行分析的基础上，综合运用动态优化理论、博弈论及计算机模拟等数量分析方法，对农村基础设施投资贡献度与政府角色定位满意度及其政策建议等一系列具体问题进行探索性研究。研究内容主要包括：农村基础设施投融资理论分析，农村基础设施投资资本存量测度，各类农村基础设施投资贡献度测定，基于改进ACSI模型的政府角色定位满意度测评、案例研究和农村基础设施投资贡献度及政府角色定位满意度有效提升的策略等。本书在研究中注重基本理论与农村实践的结合，是对乡村振兴战略下“农业强、农村美、农民富”理论课题的积极探索与总结。

本书既适合从事农村基础设施投资绩效研究的相关人员学习使用，也适合对城乡建设管理领域相关理论有深入研究兴趣的人员阅读参考。

图书在版编目(CIP)数据

农村基础设施投资贡献度及政府角色定位满意度测评 / 徐淑红著．—北京：北京大学出版社，2019.6

ISBN 978-7-301-30511-9

Ⅰ.①农…　Ⅱ.①徐…　Ⅲ.①农村—基础设施—投资—研究—中国　Ⅳ.①F323

中国版本图书馆CIP数据核字(2019)第091625号

书　　名　农村基础设施投资贡献度及政府角色定位满意度测评
NONGCUN JICHU SHESHI TOUZI GONGXIANDU JI ZHENGFU JUESE DINGWEI MANYIDU CEPING

著作责任者　徐淑红　著

策划编辑　吴　迪

责任编辑　李瑞芳

标准书号　ISBN 978-7-301-30511-9

出版发行　北京大学出版社

地　　址　北京市海淀区成府路205号　100871

网　　址　http://www.pup.cn　　新浪微博：@北京大学出版社

电子信箱　pup_6@163.com

电　　话　邮购部 010-62752015　　发行部 010-62750672　　编辑部 010-62750667

印 刷 者　北京虎彩文化传播有限公司

经 销 者　新华书店

787毫米×1092毫米　16开本　12印张　288千字

2019年6月第1版　2019年6月第1次印刷

定　　价　68.00元

前　言

中国是农业大国，“三农”问题始终是国家关注的大事。解决“三农”问题，需要多种因素的“耦合”才能够发挥最大效用。其中，农村基础设施建设投资就是关键的因素之一。但是，与城市基础设施投资相比，由于农村基础设施投资效益难以测评，投资收益不显著，从而造成了其投资主体缺位、投资效率低下的现状。

本书基于以上问题，在总结分析国内外已有研究成果的基础上另辟蹊径，站在农村基础设施投资贡献度和政府角色定位满意度的角度，一方面，通过研究理论，构建农村基础设施投资贡献度、政府角色定位满意度测评模型并进行测评；另一方面，通过实地调研，对农村基础设施投资建设满意度和农村基础设施投资建设意愿进行调查。最后，提出健全投资主体作用发挥机制、完善农民需求偏好表达机制及建立基层政府政绩评价机制这三条中肯的政策建议。

本书的特色如下。

第一，研究视角独特。目前进行农村基础设施的相关研究成果颇多，考虑到农村基础设施投资统计口径的差异，本书选取的研究对象比较独特，着重强调世界银行关于基础设施的划分标准和类别，结合《中国农村统计年鉴》的分类，将我国农村基础设施分为电力、燃气及水和水利、环境等公共设施为主的生产类，以交通运输、仓储和邮政为主的流通类，以教育和卫生、社会保障和社会福利为主的服务类，总共三大类6项，明确该分类标准下农村基础设施及其投融资的特点，进而对其投资贡献度测算与政府角色定位满意度测评进行探索性研究，得出一系列重要结论。

第二，研究基础扎实。本书系著者主持的国家自然科学基金委青年基金项目——农村基础设施投资贡献度及政府角色定位满意度测评（71301151）的最终成果体现。同时，河南省高等学校青年骨干教师培养计划项目“‘三区一群’视域下空港建设与区域经济发展研究”（2017GGJS115）、郑州航空工业管理学院青年骨干教师资助计划项目“新常态下中部地区基层政府公共服务供给能力研究”（校人〔2016〕21号），都对本书的成果形成有所帮助。特别感谢河南省优势特色学科——航空技术与经济（机场安全监测与可靠性评价学科方向），河南省重点学科——结构工程（空港建设与环境保护学科方向），航空经济发展河南省协同创新中心，河南省工程研究中心——河南省装配式绿色建筑系统集成工程研究中心对本书出版的支持。特别感谢郑州航空工业管理学院副校长李广慧，一直以来给予我工作以及专业上的帮助和支持，让我能够在学术之路上坚持不懈并取得些许成绩；感谢该校土木建筑工程学院院长薛茹对我的关心和爱护，虽点点滴滴，却暖人心田。希望本书的出版能够抛砖引玉，激发广大学者研究农村基础设施的热情，为更好地实现“农业强、农村美、农民富”发挥一定的作用。

本书在撰写过程中，参考了很多业内外专业人士的观点，在此谨向相关作者表示真诚的感谢！由于作者水平有限，加之时间仓促，书中难免存在疏漏和不妥之处，敬请广大读者和专家批评指正。

2019年1月

目　录

第一章

绪　论

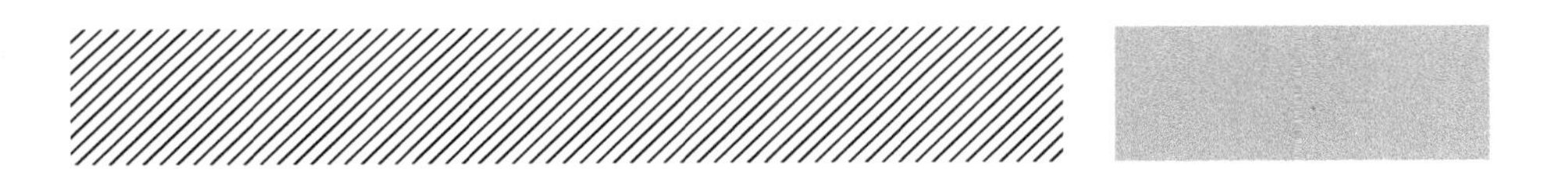

1.1 研究背景

2018 年，《中共中央国务院关于实施乡村振兴战略的意见》提出，实施乡村振兴战略，是解决人民日益增长的美好生活需要和不平衡、不充分发展之间的矛盾的必然要求，是实现“两个一百年”奋斗目标的必然要求，是实现全体人民共同富裕的必然要求。作为乡村振兴的“先行资本”，农村基础设施是“农业强、农村美、农民富”全面实现的物质保障和先决因素。

近年来，国家已采取“多予、少取、放活”的方针，出台“两减免、三补贴”等一系列惠农政策，并停征农业税，使农民负担减轻，收入提高。但是，由于长期“二元经济”格局下农村基础设施的低起点，加之长期实行不同的城乡财政政策，我国公共产品供给在城乡之间存在严重的不均衡，农村基础设施投资主体缺位(尤指政府层面)、投资效率低下(主要由于监管机制的缺失)的状况，造成农民生活满意度不高，社会矛盾加剧。上述问题使我们有必要从以下两个方面进行相应研究。一方面，历年来农村基础设施投资所形成的存量是多少?这些投资带来的效益如何测算?农民对其政策效果的满意度如何?影响农民对政府角色定位的影响因素如何凝练等问题。另一方面，农村基础设施建设在推动经济发展的同时，由于结构性和体制性因素的影响，使农村基础设施投资建设中存在严重的低效率问题。随之而来的问题是：影响农村基础设施投资效率的因素有哪些?如何建立科学合理的评价指标体系?投资效率如何测度?等等。以上问题已切实关系到农村经济的发展和农民收入的提高。

综上所述，农村基础设施建设中角色定位不清和投资效率低下等问题，已从不同程度上导致了地区基础设施投资水平与经济发展速度的不匹配，农村基础设施投资运营管理的缺失已然成为农村经济发展的桎梏。因此，对农村基础设施投资贡献度及政府角色定位满意度的测评进行深入研究是很有必要的。

1.2 研究目的

本书旨在研究我国农村地区基础设施投资贡献度及政府角色定位满意度，探索农民对政府角色定位满意度函数的影响因素及其相互关系、农村基础设施投资的结构变化与发展路径，测度与评价农村基础设施投资绩效等问题，明确农村基础设施建设中角色定位和投资效率的关系，建立农村基础设施投资资本总量测算、政府角色定位满意度测评方法，凝练影响农村基础设施投资效率提升的关键因素，为制定有效的支持政策和战略措施提供科学依据。

1.3 研究内容及逻辑框架

1.3.1 研究内容

本书的研究重点为农村基础设施投资贡献度及政府角色定位满意度测评。一方面，运用统计理论测算农村基础设施投资存量，建立模型测算农村基础设施投资贡献度；另一方面，建立政府角色定位满意度模型，测量农村基础设施投资满意度，科学评价农村基础设施的投资绩效。研究内容主要包括以下 5 部分。

研究内容一：农村基础设施投资理论分析

本部分主要对国内外(侧重国内)200余篇现有研究文献进行文献综述工作。总体概况为纵、横两条线：一是纵向上进行的农村基础设施投资规模研究；二是横向上进行的农村基础设施投资绩效研究，主要包括政策效果分析、投资影响因素和绩效评价方法等内容。在此基础上，界定农村基础设施这一研究对象的内涵和外延，以公共产品理论和项目区分理论为指导，界定农村基础设施的概念及其特点；分析非经营性、准经营性和纯经营性3类农村基础设施项目融资的特点、主体、责任及其资金来源等内容；剖析农村基础设施投资建设中存在的投资主体不全、投入总量不足及供给机制不强等问题。

研究内容二：农村基础设施投资贡献度测量研究

本部分研究内容具体从以下两个方面展开。

其一，农村基础设施资本存量测算。由于基础设施资本的不可分性，使得将基础设施资本存量纳入生产函数比将基础设施资本流量纳入生产函数更为合理。应用项目申请人之前的研究成果，将研究思路确定为：永续盘存法理论基础→经济折旧率的选择→基年资本存量的估计→当年投资额的选取→投资品价格指数的构造→测算结果及其分析。本部分内容的研究难点是基础数据的收集和汇总。

其二，农村基础设施投资贡献度估算。国外研究和我国实践均已表明，农村基础设施投资对农业生产率的提高和农业增长具有显著的贡献。从理论上看，农村基础设施投资对提高农民收入水平具有积极作用，在此理论假说下，利用所测算的资本存量数据，通过Eviews 8.0构建固定效应模型，测算出各类农村基础设施在提升农民收入水平的投资贡献度，主要包括：以电力、燃气及水和水利、环境等公共设施为主的生产类，以交通运输、仓储和邮政为主的流通类，以教育和卫生、社会保障和社会福利为主的服务类农村基础设施的投资贡献度。

研究内容三：农村基础设施投资满意度测量研究

系统梳理顾客满意度理论模型的发展脉络，总结 KANO 模型、SCSB 模型、ACSI 模型、ECSI 模型和 CCSI 模型等经典模型的主要内容，结合农村基础设施投资的特殊性，在 ASCI 模型的基础上，结合已有的研究成果，构建农村基础设施政府角色定位满意度模型，其中农村公共工程形象、农民期望、农民评价是农民满意度的前提变量，农民满意度是目标变量，农民信任是农民满意度的结果变量。以此为基础，确定一套三级政府角色定位满意度指标体系。在此基础上选取河南省焦作市、新乡市、平顶山市、巩义市、信阳市等地的 20 个村进行实证研究，累计发放 1000 份问卷，共收回问卷 978 份，问卷调查采用李克特五点量表法，运用模糊综合评价法，科学评价政府在农村基础设施建设中的角色定位满意度，为政府在新农村基础设施建设中的支持政策制定提供依据。

研究内容四：案例研究

本部分根据农村基础设施投资贡献度、农民对政府角色定位满意度模型的研究内容，选取河南省进行农村基础设施案例研究。主要调查分析农民对本村道路设施、生活用水设施、用电设施、农田水利设施、通信设施、卫生医疗设施、文化娱乐设施及基础教育设施这 8 类农村基础设施投资建设的意愿情况，包括两方面内容：一是农民对农村基础设施投资建设的满意度；二是农民对建设农村基础设施的意愿等。进而分析河南省农村基础设施投资总量不足、投资效率低下和投资管理体制等问题的形成原因。

研究内容五：提升对策研究

立足于上述研究内容，结合项目负责人十年来对这方面的研究积累，提出以下政策建议：健全投资主体作用发挥机制、完善农民需求偏好表达机制及建立基层政府政绩评价机制等。

1.3.2 逻辑框架

本书的研究逻辑框架如图 1 –1 所示。

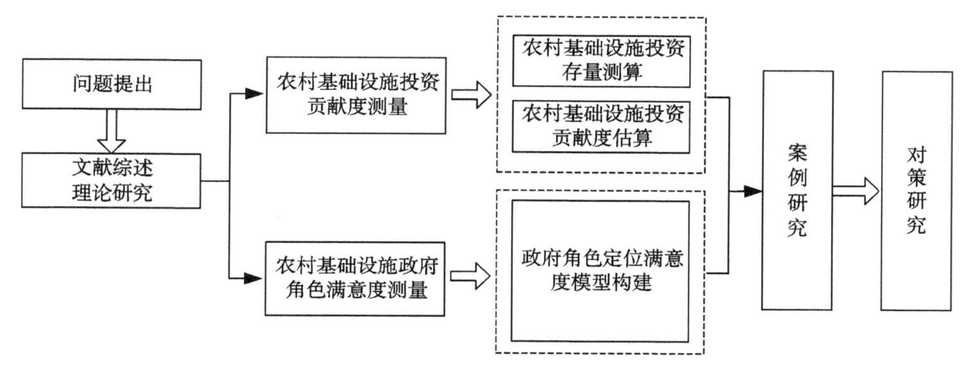

图 1 –1 研究逻辑框架

1.4 本书的创新点

本书的创新点主要包括以下 3 方面。

第一，利用公共产品理论和项目区分理论进行农村基础设施分类投融资的模式研究，尤其是引入 PPP(Public-Private-Partnership) 管理模式，从非经营性、准经营性和纯经营性三种视角出发，探讨提升农村基础设施投资度与满意度的政策与措施。

第二，建立固定效应模型测算电力、燃气及水和水利、环境，交通运输、仓储和邮政，教育和卫生、社会保障和社会福利三大类农村基础设施投资贡献度，为今后的投资重点提供理论支撑。

第三，建立农民对政府角色定位满意度模型，科学凝练政府角色定位满意度的影响因素和提升投资效率的关键工作，从而为加快“农业强、农村美、农民富”献计献策。

1.5 研究方法及技术路线

1.5.1 研究方法

本书主要研究农村基础设施投资贡献度及政府角色定位满意度测量等相关内容，属于应用基础理论的研究。通过收集、调查和分析国内外有关研究状况，借鉴国内外在基础设施投资、建设、管理等领域的最新相关研究成果，主要研究方法如下。

1. 实证分析和案例研究

开展河南省典型村庄调研，1000 份调查问卷设计与数据收集统计等工作，运用统计计量方法对经济数据进行处理，构建数学模型系统分析农村基础设施投资贡献度及政府角色定位满意度。同时，项目根据农村基础设施投资贡献度、农民对政府角色定位满意度函数与农村基础设施投资绩效测评统计模型的研究内容，进行河南省农村基础设施投资评价研究，注重实证分析与案例研究相结合。

2. 系统和动态分析

打破传统的对农村基础设施投资效率有效性问题的零散分析方法，建立基于发展经济学理论的系统分析框架。同时，本项目认为农村基础设施投资规模和绩效之间的关系应该是一个动态的循环往复的过程，所以在研究过程中注重用辩证和发展的眼光看问题，以体现农村基础设施投资规模和绩效关系的动态性。从数据分析、模型设定和估计方面，构建动态面板数据模型研究农村基础设施投资效率。

3. 比较分析方法

在剖析农村基础设施投资建设存在的问题的过程中，注重横向比较与纵向比较。一方面，借鉴国外在基础设施投资、建设、管理等领域的最新研究成果和成功案例；另一方面，通过典型农村实际调研，汇总整理东部、中部和西部地区的实际情况，及时总结经验教训。通过分析与比较，找出农村基础设施投资存在的问题。

图 1 –2 所示为本书所用的研究方法。

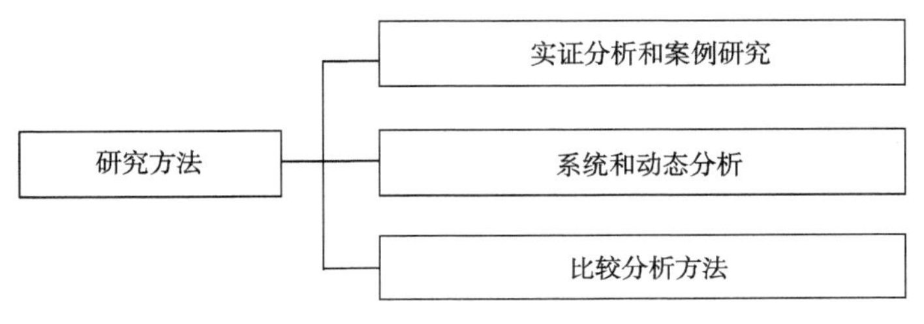

图 1 –2 本书所用的研究方法

1.5.2 技术路线

目前进行农村基础设施的相关研究成果颇多，考虑到目前农村基础设施投资统计口径的差异，本书选取的研究对象比较独特，着重强调世界银行关于基础设施划分标准和类别，结合《中国农村统计年鉴》的分类，将我国农村基础设施分为电力、燃气及水和水利、环境等公共设施为主的生产类，以交通运输、仓储和邮政为主的流通类，以教育和卫生、社会保障和社会福利为主的服务类，共三大类 6 项，明确该分类标准下农村基础设施及其投融资的特点，为后续研究奠定良好的基础。在理论与数据梳理汇总的基础上，围绕该对象进行了投资度及满意度研究，主要包括：28 个省、市、自治区农村基础设施资本存量测算、农村基础设施投资贡献度测定、基于改进 ACSI 模型的政府角色定位满意度测评、案例研究和农村基础设施投资度及满意度有效提升的策略等内容。在研究中，始终以农村基础设施投资贡献度与政府角色定位满意度为切入点，以公共产品理论和项目区分理论为指导，在对农村基础设施概念及特点进行分析的基础上，综合运用动态优化理论、博弈论及计算机模拟等数量分析方法，对农村基础设施投资贡献度与政府角色定位满意度及其政策建议等一系列具体问题进行了探索研究。

本书的技术路线如图1－3所示。

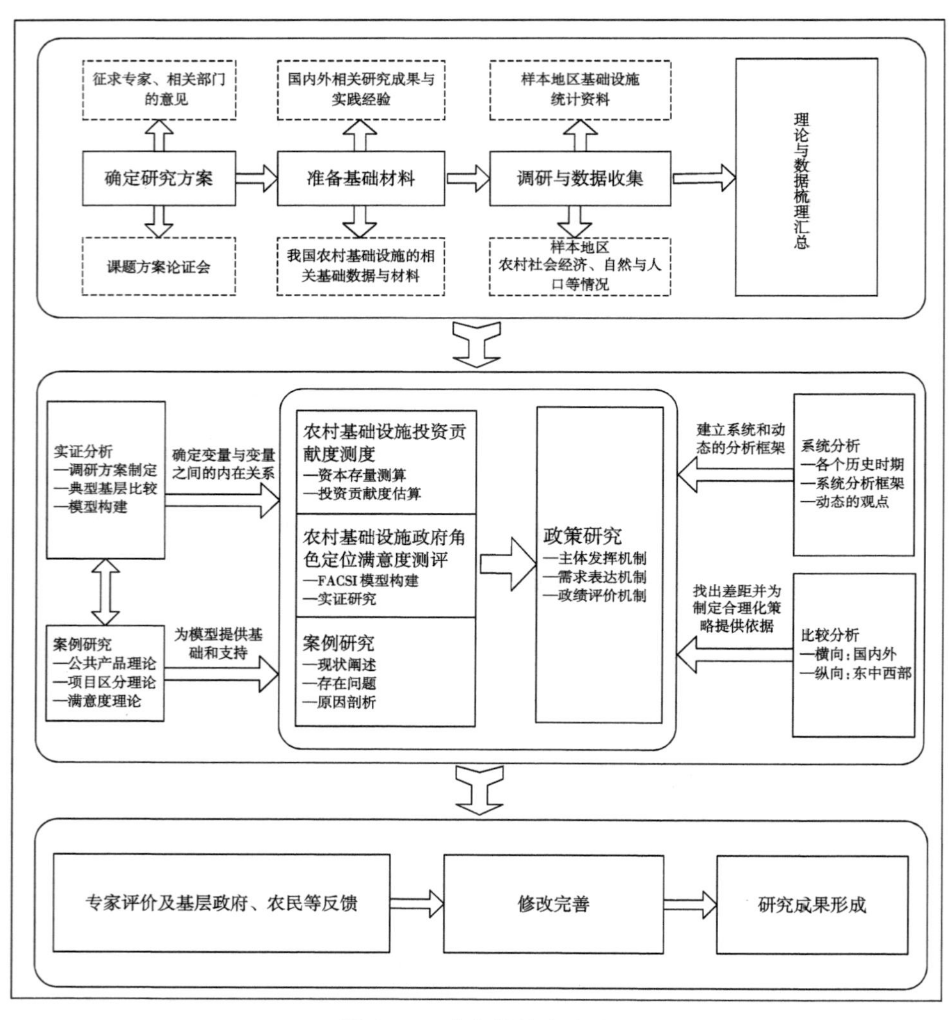

图1－3　本书的技术路线

第二章

文献综述

中共中央在“十二五”规划中明确提出要改善农村生产生活条件。规划指出：“要加强农村基础设施建设，强化农村公共服务，千方百计拓宽农民增收渠道，促进农民收入持续较快增长。”由此可见，如何促进农民增收是当前农村经济发展中最突出的问题，增加农民收入、扩大农村需求是农业和农村工作的重要任务。而要解决好这一问题，增加农村公共产品特别是基础设施建设的投入是一种有效的途径。在新型城镇化建设热潮中，我国的专家学者普遍认识到加大农村基础设施投资力度是尽快解决“三农”问题的关键。已有的研究主要集中在两个前后连贯的问题上，总体概况为纵、横两个方面：一是纵向上进行的农村基础设施投资规模研究，主要包括农村基础设施投资的资本存量测算、投资作用分析和投融资模式研究等内容；二是横向上进行的农村基础设施投资绩效研究，主要包括政策效果分析、投资影响因素和绩效评价方法等内容。

图2－1所示为目前国内农村基础设施投资建设相关文献研究的重点。

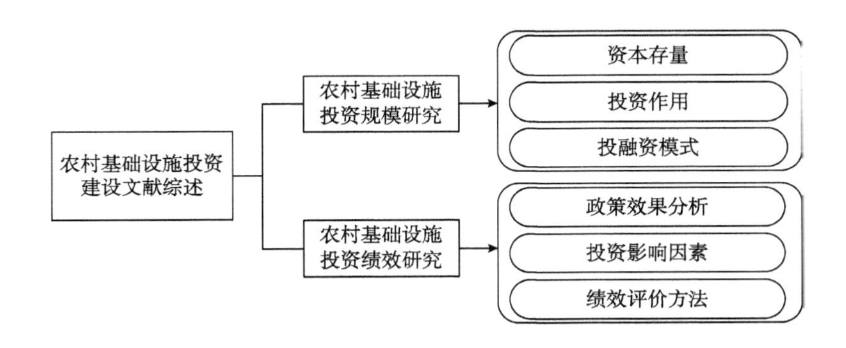

图2－1　国内农村基础设施投资建设相关文献研究的重点

2.1 农村基础设施投资规模研究

农村基础设施投资规模研究是从纵向分析有限的资金合理配置的问题，即“建什么”。现有的研究主要集中在资本存量测算、投资作用和投融资模式三方面内容。

2.1.1 资本存量测算

包括索洛(1957)在内的研究经济增长的众多学者认为，用资本存量作为度量资本投入的指标是比较合适的，且资本存量测算方法基本达成共识，即永续盘存法(PIM)。现有研究对我国基础设施资本存量、农业资本存量和农村基础设施资本存量进行了估算，并取得了一定的成绩。

姜铁嵩等(2004)采用永续盘存法估算了我国1985—2002年的基础设施存量，结果表明，截至2002年年末，基础设施存量为15967.82亿元(1985年不变价格)。赵洪斌(2004)利用永续盘存法估算出1990年的农业资本存量为1818.95亿元。

王金田等(2007)估计了1978—2005年全国各省的农业资本存量，其中1980年农业资本存量为1112.19亿元。徐淑红(2010)估算了1978—2007年农村基础设施投资各年年末所形成的资本存量。测算结果表明，截至2007年年末，农村基础设施投资所形成的资本存量为1096.82亿元(1978年不变价格)。

郭珍等(2015)运用永续盘存法对1989—2010年全国及省际层面的农业基础设施资本存量进行了估算，除北京市农业基础设施资本存量略有波动外，其他各省市的农业基础设施资本存量不断增加。截至2010年，东部各省的平均农业基础设施资本存量最大，为198.7亿元，是中部的1.35倍，西部的3.51倍。从环比农业基础设施增长速度来看，出现两个峰值，分别为1993年和2002年，以1993年及2002年为中心轴呈倒U形曲线形状。

金戈(2012)在现有研究的基础之上，对基础设施投资范围进行了界定，并对官方统计数据进行了必要的补充和调整，进而通过永续盘存法分别估算了全国层面1953—2008年以及省际层面1993—2008年各年年末的基础设施资本存量。金戈(2016)将全社会总固定资本划分为经济基础设施资本、社会基础设施资本和非基础设施资本，进而分别从全国层面和分地区层面对经济、社会基础设施资本与非基础设施资本存量(年初值)的全国时间序列数据(1981—2012年)和31个省级行政区面板数据(1997—2012年)进行了完整而细致的估算。

周炜等(2017)使用永续盘存法分别核算了经济类和社会类两类基础设施1953—2014年的资本存量，并在此基础上通过向量自回归模型分析了分类基础设施资本存量与实际GDP之间的关系。研究发现，社会类基础设施与经济类基础设施一样，对经济发展具有不可忽略的促进作用。然而，我国经济增长却仅对经济类基础设施的发展有促进作用，而对社会类基础设施的拉动相对有限。薛桂芝(2018)采用永续盘存法对中国1998—2014年225个地级及以上城市的基础设施资本存量进行测算，测算结果表明全国城市基础设施资本存量从1978年的35.602亿元增加至2014年的13172.0亿元。

2.1.2 投资作用分析

樊胜根等(2002)研究了包括电力、道路和通信等在内的农村基础设施建设对提高农业生产率、缩小地区差距和农村扶贫等方面的积极影响。李锐(2003)、方芳(2004)等通过构建C-D生产函数模型，表明农村基础设施建设具有减缓贫困、促进经济增长和农民增收等正外部性作用。

刘晓昀(2003)等利用贵州农村实地调研数据，实证分析了贫困地区的乡镇基础设施投资对农民人均收入和家庭消费支出有积极作用。Xiaobo Zhang 等(2004)对中国农村公共投资与地区差异的关系进行了讨论。其研究结果表明：在欠发达的西部地区农村公共投资降低了地区差异，而在相对发达的东部和中部地区的投资则加剧了地区不均衡状况。朱国忱(2006)从乘数效应出发，得出了农村基础设施投资在增加农民收入和刺激农民消费方面具有积极作用。

刘伦武(2006)和孔群喜等(2007)建立了误差修正模型，使用脉冲响应函数和方差分解描述了中国农业基础设施发展与农村经济增长之间的动态相关性，结果表明，农业基础设施的落后阻碍了农村经济增长。因此，应把发展农业基础设施作为实现农村经济持续增长的重要基础。沈坤荣等(2007)、杨永忠等(2008)和彭代彦等(2008)以农村公共产品为视角来考察基础设施投资对产出、民间投资、农民满意度和全要素生产率等宏观经济变量的影响。

值得说明的是，傅晋华等(2008)以30篇国内外研究文献为主，综合分析了农村基础设施的经济增长效应问题。同时在文中指出，与国际研究相比，国内研究存在实证研究偏少、研究方法落后和使用数据陈旧等问题。

李琴等(2009)利用2008年在广东英德、鹤山两个城市进行实地调查的数据，运用 Multinomial Logit 模型分析了农民对农村基础设施供给优先序的选择。罗仁福等(2011)选取2007年101个样本村中2000户农民的截面数据，分析了农村公共投资在道路、灌溉、饮用水等不同方面发挥的作用。李胜文等(2011)利用1997—2008年我国省级农村经济增长数据和完全修正普通最小二乘法的面板协整估计，研究了农村基础设施及其空间溢出效应对农村经济增长的影响。

项英辉等(2011)指出了农村固定资产投资与全国农、林、牧、渔业生产总值总体上呈较高的相关性；劳动力数量和电力设施存量对粮食产量的弹性系数为负；道路存量对粮食产量的促进作用最为明显；自来水设施存量对粮食产量的贡献率为正，但绝对值并不大。

田涛(2012)利用1988—2010年间安徽省时间序列数据，构建C-D生产函数模型，对安徽省农村基础设施和农村经济发展进行了实证分析。其研究结果表明：该省农村基础设施和农村经济发展存在长期协整关系，农村公路、电力和教育对农村经济发展具有显著的正效应。姜涛(2012)利用1994—2009年我国省级面板数据，基于回归的方差分解，对农村基础设施公共投资的区域差距进行了测度分析。其研究结果表明：农村基础设施公共投资对农业增长有重要作用，但也在一定程度上影响了区域差距的形成。

晏强等(2014)认为随着我国经济的发展，政府越来越重视对农村的投资，并充分认识到加强农村基础设施建设是促进农村经济社会发展的关键。由于我国农村基础设施投资建设在投资主体、投资总量、投资结构和投资效益等方面存在种种问题，制约了社会主义新农村建设的发展。为此，政府应采取相应的对策，改善农村基础设施投资建设。

黄海峰等(2014)通过我国28个省、市、自治区的面板数据研究政府公共基础设施投资和居民消费之间的关系，发现当政府公共基础设施投资率提高1%时，会导致居民消费率降低0.13%，且这一负向关系在不同的计量模型和估计方法下都是稳定的；相反，私人投资并不会对居民消费产生显著影响。此外，政府公共基础设施投资改变了产业结构及收入分配，从而影响了居民消费。

周君等(2014)进行了新型城镇化背景下农村基础设施投资对农村经济的影响分析，主要从以下几个方面展开：回顾了我国农村基础设施投资的历史变迁和现状，分析了其中存在的问题，通过设置影响农村居民收入的相关变量，利用SPSS软件进行主成分分析和回归分析，寻找农村基础设施投资与农村经济之间的关系，采用1994—2010年的数据进行定量研究，得出农村基础设施在交通方面的投资收益率最大、效果最好，而在能源方面的投资收益率最小、效果最差的结论。

李萍萍等(2015)首先从农村基础设施投入量和投资主体构成两个方面分析了我国东中西部3个地区农村基础设施投资的差异，其次运用基础设施投资不平衡指数模型，分析了我国各省份的农村基础设施投资相对于农村人口、农用地面积、第一产业产值、地区生产总值和社会固定资产投资等因素的不平衡程度，进而对原因进行适当剖析，最后提出发挥政府主导作用、因地制宜及优化投资结构等对策建议。

赵伟等(2017)采用实证研究方法，分析了1991—2013年中国农村人均基础设施投资的基尼系数和泰尔指数，通过空间面板数据模型和H-P滤波分析模型，总结了农村基础设施投资的空间变动情况、公平性状况的周期变化和总体发展趋势。研究表明：①农村税费制度改革以后，中国农村基础设施投资总体趋向更加公平，但是地区差距仍然较大；②地理因素，经济因素(如经济发展水平、财政实力、人居状况)和社会制度因素(如区域发展战略、政府换届)对农村基础设施投资的公平性具有重要的影响。

杨琦(2018)利用2000—2010年全国30个省份的数据计算出农村基础设施投资存量，采用动态面板模型对农村基础设施投资存量与农村居民消费之间的关系进行了实证分析。结果表明：从全国范围来看，基础设施投资对居民消费具有“挤出”效应，中部地区也同样呈现“挤出”效应，东部和西部地区效应不明显。文中建议加大对西部及落后地区的投入，中、东部地区适当控制投入；完善基础设施的投资结构，增加对电力、水利、交通、教育、科技等基础设施的投入；引入民间资本投资农村基础设施等。

2.1.3 投融资模式研究

魏新亚(2002)在对大量资料进行计算分析后，认为相比经济发达地区，经济欠发达的中西部地区在基础设施建设中更多依赖于中央财政投入和国有经济投入这两种来源，建议在今后的研究中更新观念，引入更多的民间资本共同承担基础设施建设。刘家伟(2006)建议借鉴城市基础设施常见的投融资模式(BOT、BT和PPP等模式)，积极建立市场化和多样化的农村基础设施投融资模式。刘峰涛(2008)基于外部性与产权市场的视角，构建了针对农村公路的投融资模式——外部性产权证券投融资模式。

宋清(2011)利用灰色关联分析方法，实证分析了天津市农村基础设施投融资结构与农村经济发展的关系。其研究结果表明：国内贷款和自筹资金与经济发展的关联度最高，应积极建立市场化的农村基础设施投融资模式。甘娟等(2011)利用晋、陕、蒙资源富集区31个乡镇的实地调研数据，详细分析了民间资本介入农村基础设施的现状。其研究结果表明：上述地区民间资本投资较少，且主要投资于生活及社会发展型的农村基础设施。

贾敬全等(2011)认为农村基础设施是农村经济发展的基础，是农村社会可持续发展的关键因素。农村基础设施具有公共产品的属性，决定了政府提供公共产品的主体性，应构建以政府投资为主体，民间投资、社会资本共同参与的多元化农村基础设施投资模式体系。惠恩才(2012)对完善我国农村基础设施融资制度提出政策建议，即“三以三来”，具体包括：以完善制度来提高效率，以丰富主体来增加来源，以建设环境来保障监督。贾敬全等(2011)和吴晓娜等(2012)分别从融资分析和公共产品视角对比分析了农村基础设施投融资模式。

项英辉等(2011)对比分析了农村基础设施不同融资模式的适用性；田国双等(2011)提出应根据不同类型农业基础设施的特征及范围，分别选择不同的融资渠道和投融资方式。陈瑞三等(2013)提出了农村基础设施BOT投融资模式的一种衍生模式（Cooperate Build Subsidize Operate Transfer，CBSOT），并从其基本含义、特征、优势、主要参与方和基本步骤等方面，对该衍生模式进行了分析和设计。张桂玲(2014)结合农村基础设施的特征，从政府财政投入、金融机构贷款与社会资本投入3个方面分析了农村基础设施投融资现状，从发挥政府主导作用、引导社会资本与金融机构参与的角度，提出将BOT、TOT与PPP等运用到农村基础设施建设中，以创新农村基础设施投融资模式。惠恩才等(2014)在分析我国农村基础设施建设的基础上，根据基础设施的可销售性及融资理论对农村基础设施进行分类，并与目前农村基础设施建设流行的项目融资模式相结合，探索出一条适合我国农村基础设施建设的融资道路。

王丹(2015)认为应从完善投融资政策、统一责任主体、稳定投资来源、加大投资力度、加强预算公开和监督等方面，探索出一条能够体现财政公平性的农村公路基础设施投资途径。周艳波等(2015)分析了农村基础设施投资仅靠政府投入是不够的，效果也不理想，不能很好地满足农村的民生需求，建议在农业水利基础设施建设领域引进内资BOT模式。余晓军(2017)指出，在目前我国政府有限的财力难以在短期内独力支撑农村基础设施的有效供给的大背景下，提出基于PPP模式农村基础设施创新投融资方式，可以加快农村基础设施建设。

贾敬全等(2018)在分析新型城镇化进程给农村基础设施建设提供的机遇和总结农村基础设施建设现状及投融资存在问题的基础上，提出了优化农村基础设施建设投融资模式的路径选择，今后应倡导以PPP管理模式为代表的多元主体投融资模式，构建公私合作伙伴关系，共享利益与风险共担。

除此之外，黄伟南等(2014)进行了国外农业基础设施投融资模式的对比分析，主要包括美国、法国和日本三个发达国家及巴西和印度两个发展中国家，全面总结了国外农业基础设施投融资模式的成功经验，即：①政府重视农业的投资，强调农业发展的重要性；②农业信贷体系完善，农业基础设施建设有充足的资金保障；③农业基础设施的相关法律制度完善等。

2.2　农村基础设施投资绩效研究

与“建什么”相对的是，农村基础设施投资绩效研究则是从横向分析农村基础设施投资在东中西部的投资效率，即“在哪里投”。现有的研究主要集中在政策效果、投资影响因素和绩效评价方法3方面内容。

2.2.1　政策效果分析

李燕凌等(2006)构建布朗-杰克逊模型，分析了不同地区农村公共支出的效果。其研究结果表明：政府公共支出对于农民，特别是发达地区农民的家庭储蓄、卫生消费、教育消费及文化娱乐消费等方面均具有显著的影响，但对于欠发达地区农民消费支出的影响较小。白南生等(2007)通过对安徽省凤阳农村的调查资料进行研究，认为村民对基础设施具有极其强烈的需求，他们对基础设施的需求意愿呈现出“生产型”设施优于“生活型”设施的特点。张亦工(2008)测算了农村基础设施建设农民增收弹性系数，提出了整合财政支农资金、重塑财政支农资金管理新机制等政策建议。

马林靖等(2008)利用2005年全国抽样调查所获得的截面数据，分析了农民对其所在村灌溉设施投资状况的满意度，项目实施前是否公开预算、征求意见及农户家庭是否参加了项目维护等因素，都对满意度情况有积极的正向影响。成新轩等(2009)认为，在构建新型农村公共产品供给体制的过程中，需要建立畅通的需求表达机制、科学的决策机制、稳定的投入机制和健全的监督机制。

韦鸿等(2009)利用1978—2006年省级面板数据，采用联立方程模型估计方法，分析了我国农村公共投资的减贫效果。其研究结果表明：政府在农村教育、

研发和道路、电力等基础设施方面的投入，可以显著地降低贫困的程度。徐淑红(2011)利用1990—2007年的我国时间序列数据，构建C-D生产函数模型，从影响农民收入、农民支出和农村经济三个维度出发，明确了农村道路、自来水和电力设施的投资贡献度。陈银娥等(2012)利用1999—2008年我国省级面板数据，实证分析了农村基础设施投资对农民收入的影响。其研究结果表明：农村基础设施投资总体上对农民收入具有促进作用，但作用有限。

张秀莲、王凯(2012)通过2010年的年鉴数据，分析了各省份农村基础设施的投入水平的不平衡发展状态，通过数据分析将各类农村基础设施投入的不平衡指数由低到高依次排列。尹文静等(2012)在我国东中西部分别选取代表省份，用带有时变参数的状态空间模型，将山东省、安徽省和陕西省作为实验对象进行数据分析。其研究结果表明：农村基础设施投资会因为众多影响要素的不同而对农民的生产投资产生不同影响，这种影响关系会随着时间的推移而发生变化。

金福良等(2012)利用1996—2010年间湖北省基础设施投资数据，构建C-D生产函数，实证研究了15年间农村基础设施投资的产出弹性为0.106。其研究结果表明：农村基础设施投资对农村经济总量函数呈现规模报酬递增态势。骆永民等(2012)利用1999—2009年省级面板数据，从空间相关性和空间异质性两个角度出发，实证分析了中国农村基础设施建设促进农民增收的空间特征。其研究结果表明：农村基础设施投资对本省和邻省的农民收入均具有正相关性。

郝二虎等(2015)利用2003—2010年省级面板数据，对农村基础设施资本存量对农民收入的影响进行了实证分析。其研究结果表明：农村水利、电力和燃气等设施对农民收入具有正向作用，农村交通运输、仓储和邮政业等设施对农民收入在一定条件下(主要依赖于当地经济发展的水平)具有正向作用，而农村教育、卫生和社会保障等设施对农民收入没有显著的影响。

刘鸿渊(2016)认为随着农村经济的发展，农村社区性公共产品供给主体利益多元化、主体供给意愿、能力和社会资本流失共同构成了其供给环境，制约着农村社区性公共产品的自发供给秩序的形成。严宏等(2017)基于新政治经济学的视角审视农村公共产品供给主体多元化的理论逻辑和现实基础，认为农村公共产品供给应该通过“有效市场＋有为政府”构建“政府主导、市场基础、第三方推动、农民参与”的多主体参与机制，创新农村公共产品供给主体多元化的制度供给，协调农村公共产品各供给主体之间的利益，优化激励机制设计，促进激励内容，提升农村公共产品供给绩效。

王丽慧等(2018)认为我国农村公共产品自上而下的供给体制忽略了农民需求的表达，导致农村公共产品供给出现供需不平衡的异化现象。供给决策机制不合理、需求表达机制的缺失、政府政绩考核机制不健全，是制约农民需求表达的瓶颈。

简单而言，作为公共产品，农村基础设施供给属于政府履行其公共职能的重要组成部分，因而，学者们在对公共产品供给水平进行评估时，也更需要关注公众的满意度情况。一方面，农村居民作为农村公共服务的接受者，对其有最直观的感受；另一方面，由于满意度是一个较为主观的概念，对它的评判因人而异，所以对主观的满意度进行客观的评价，需要将农村基础设施的供给与需求情况纳入政府角色定位满意度中来。

2.2.2　投资影响因素分析

张林秀等(2005)研究表明，除了一些政策因素以外，当地经济发展水平是影响农村公共投资的重要因素。一般来说，在工商业较发达的农村，公共投资活动也相对较多。对于外出务工人员较多的农村，由于本地公共投资对外出务工人员的收入等作用较小，因此这部分村民就不那么愿意对村里进行公共投资。从政策实施角度看，本研究发现：上级政府的公共投资更多地投向贫困地区、偏远山区、农业生产条件差的地区或少数民族地区。

尹文静等（2009）利用1993—2007年间陕西省的面板数据，选取农民纯收入、农民生活消费支出、农产品销售收入、农业贷款、土地规模、农村公共投资作为影响因素，运用Eviews 8.0软件计算分析了上述因素对农业生产投资的影响程度。

周密等（2010）采用对沈阳市118个村书记的调查数据，利用纳什均衡和嵌套博弈理论对“一事一议”制度的运行机制进行了研究，利用零堆积负二项回归模型计算和零堆积泊松分布模型分析了“一事一议”制度对农村公共投资的生产型和生活型模式的影响，发现该制度对于提高公共产品的供给和使用效率及体现农村基础设施投资的公平性具有重要的现实意义。

李志军等（2010）利用基础设施建设不平衡指数模型，分析了我国各省、市、自治区的农村基础设施建设水平相对于村庄人口、村庄面积、地区生产总值、社会固定资产投资和农村固定资产投资等因素之间的不平衡性和滞后性。在此基础上，文章还对造成这种不平衡性和滞后性的原因进行了剖析，并借鉴国外农村基础设施的相关建设经验，提出了推进中国农村基础设施建设的建议。

卫龙宝等（2012）对1509个样本农民进行数据调查，发现农民满意度与影响其生产、生活的公共产品供给效率高低有关；“不患寡，而患不均”的新思想降低了经济示范地区农民对基层建设的满意程度；收入水平也与时俱进地成为影响农民满意度的重要因素之一。

刘西涛等（2012）从供给与需求两方面出发，提出了影响黑龙江省农村基础设施供给的因素包括地区经济发展水平、财政体制，以及自然条件、区位条件和生态环境；需求因素包括农民的整体收入水平、农民的文化素养、基层干部的素养和地区风俗习惯。

林振德等（2016）通过选取1992—2011年我国各省、市、自治区农村基础设施投资的面板数据，采用固定效应变截距模型，对农村公共基础设施投资区域差异的影响因素进行研究。其研究结果表明：①我国人均农村公共基础设施投资量呈现出逐年增加的趋势；②各省、市、自治区人均公共基础设施投资量区域差异，总体来说有逐步减小的趋势，但差异仍然很明显；③地区经济实力的提高，对农村公共基础设施投资有很强的促进作用；④政府更倾向于向乡村人口密集的地区投资基础设施。

田祥宇等(2016)选取2006—2015年我国各省、市、自治区农村基础设施投资的面板数据，基于公平的视角实证分析了我国农村基础设施投资公平性的影响因素，其研究发现：经济发展水平、人均财政收入、财政分权、人口密度、城镇化水平等因素，对农村基础设施投资公平性起着正向的促进作用。其中，人均财政收入的影响最大，促进作用也最强。

2.2.3　绩效评价方法分析

曾福生等(2007)设计了一个农村公共产品供给质量三级评价指标体系，从公共产品质量、消费者、提供者和社区环境等角度来评价农村公共产品的质量。徐淑红(2010)根据1990—2007年的面板数据，利用Malmquist-DEA方法对我国29个省、市、自治区的农村基础设施投资效率进行了实证分析，测算了1991—2007年农村基础设施综合投资效率、技术进步和技术效率。

蒋时节等(2010)对政府、高校、咨询企业等方面专家学者展开问卷调查，利用蒙特卡罗模拟(MCS)分析所得到的数据，运用模糊集合理论选取了8个农村基础设施投资效益关键评价指标，为政府在农村基础设施投资决策方面提供了一定的参考。

李玉龙等(2011)通过应用非参数的DEA方法，测算了我国1999—2006年基础设施投资的Malmquist生产率指数。其研究结果表明：我国基础设施投资对经济的拉动作用正逐渐变小，同时由过去注重通过加大投入促进沿海地区的经济发展，正逐步向关注中西部地区投入对经济发展的促进作用转移。该研究成果对于农村基础设施绩效评价思路的展开具有重要的借鉴意义。

江纹等（2012）针对农村基础设施建设项目的特点，结合建设项目绩效审计实务，构建实用且可操作的绩效审计评价模型，设计建设项目绩效审计的相关性、效率性、效果性、可持续性、合规性、安全性这六大类项目的三级评价指标、评价标准和评价方法。李阿娇等（2013）在界定农村基础设施内涵的基础上，从水利系统、能源动力系统、交通运输系统、邮电通信系统、医疗卫生系统、文化教育系统、环境保护系统 7 个方面着手，构建了农村基础设施投融资绩效评价指标体系，丰富了农村基础设施投融资绩效评价的内容。靳永翥等（2014）构建了农村基础设施建设资金使用绩效评价的指标体系，主要包括经济、效率及效益等一级指标及相应的 8 个二级指标。

贾敬全等（2016）从证据理论角度创新农村基础设施投融资绩效评价指标体系，在综合考虑农村基础设施建设情况、经济效益、社会效益和环境生态效益的基础上构建一级指标，然后根据具体构建的二级指标，利用 Dempster 证据合成规则创新农村基础设施投资绩效评价体系，最后通过实际验证发现该评价体系存在较好的评价效果。

李杏丽等（2017）进行了基于模糊综合评判法的新农村基础设施项目绩效评价研究。为评价新农村基础设施项目绩效，采用模糊综合评判法对评价指标进行量化处理；为解决传统赋权方法存在的主观因素影响大的问题，采用有序加权算子赋权的方法，削弱极值影响，使得综合评判结果更具有可靠性。通过实证分析及对评价结果的比较，该方法可以很容易地发现项目管理中的漏洞，从而提出有针对性的改进建议。

张恒源（2018）主要进行了农村基础设施投融资指标体系构建及绩效评价研

究，应用灰色关联和主成分分析法，对各一级指标下较重要的二级指标进行筛选，以达到精简指标的目标，得到了相对可靠的指标权重体系。通过对2011—2015年间全国各省的面板数据进行分析，从而得到现阶段各省的农村基础设施投融资的绩效评价的综合效率指数。在对综合效率指数的分析和比较中，一方面找出了影响现阶段全国各地区农村基础设施投融资绩效水平差异的因素；另一方面对一些地区存在的投入冗余、规模效益不足等问题进行了说明。

具有代表性的国内专家学者研究侧重点及其进行的简要点评，见表2.1。

表2.1 国内学者研究重点及简要点评

研究重点		代表性文献	特 点	简要点评
投资规模和数量分析	农村公共投资资本存量测算	王金田等（2007）	定量分析	采用PIM估算K，从农业和农村角度进行研究，但对具体变量处理各有侧重，未达成共识
		徐淑红（2010）		
		郭珍等（2015）		
	农村基础设施投资作用研究	刘伦武（2010）	实证分析	分别利用省际面板数据研究农村基础设施投资对农业、农村等的作用，可整合思路，以翔实可靠的数据处理为基础，研究其对农村经济、农民收入和农民支出等的弹性拉动
		姜涛（2012）		
		周君等（2014）		
		杨琦（2018）		
	农村基础设施投融资模式研究	宋清（2011）	实证分析	认识到目前农村基础设施投资主体缺位，建议引进多元投资主体，投融资方式具有前瞻性，可考虑建立统计模型，对政府角色定位进行研究，增强可实施性
		甘娟等（2011）	问卷调查	
		惠恩才（2012）	定性分析	
		王丹（2015）		
		贾敬全等（2018）		

续表

研究重点		代表性文献	特　点	简要点评
投资效率研究	政策效果分析	傅晋华等（2008）	定性综述分析	运用定量分析和综述研究等方法，研究农村基础设施的经济增长效应，可考虑扩大样本，构建模型，综合考虑东、中和西部地区投资的政策效果
		韦鸿等（2009）	定量分析	
		金福良等（2012）	实证研究	
		骆永民等（2012）		
		郝二虎等（2015）		
		王丽慧等（2018）		
	投资影响因素分析	尹文静等（2009）	实证分析	进行实证分析，以农民满意度为切入点，研究局部地区影响因素，有利于政府投资的排序安排，可考虑将研究视角拓宽，考虑不同地区之间的农村基础设施投融资影响因素
		袁建华等（2010）		
		陈银娥等（2012）		
		林振德等（2016）		
		田祥宇等（2016）		
	绩效评价方法研究	朱玉春等（2010）	主成分分析，实证研究	利用模型构建等方法，侧重研究政府投资在某方面的宏观政策执行效果，而对微观效果（立足于农民对其执政满意度、项目本身等）的研究较少，且可考虑将研究方法优化
		蒋时节等（2010）	关键指标体系建立	
		李玉龙等（2011）	非参数 Malmquist 指数方法	
		贾敬全等（2016）	Dempster 证据合成规则	
		张恒源（2018）	灰色关联和主成分分析法	

2.3 简短评论

2.3.1 国外研究文献简单综述

经济增长的原因、经济增长的内在机制及经济增长的实现途径，历来是经济理论研究的核心问题，毫无疑问也是争论最多的问题。如何测度基础设施对经济增长或生产率的边际贡献的问题，一直吸引着经济学家的眼球，大量的学术文献不断涌现。作为一种公共资本存量，良好的基础设施水平对一个国家的经济发展发挥着重要的作用。从学术积累的角度看，上述关于“基础设施的经济增长效应”问题的一般性研究虽然没有直接以农村基础设施为研究对象，但却提供了清晰的研究思路和较为成熟的研究方法，对后续研究的开展有一定的指导作用。

随着全球对农村经济发展和贫困问题的日益关注，有关农村基础设施的研究文献也逐渐增多。具有一定代表性的是：在农村基础设施建设拉动经济增长方面，Ellis，E. C. Mamatzakis 采用先验对数成本函数，对公共基础设施投资在希腊农业生产率增长方面的影响进行了研究。在农村基础设施运营管理改革中，Bjom Wellenius、Romeo G. Terue 等一系列的研究表明，在非洲、拉丁美洲和亚洲的一些发展中国家，已经大量进行在政府补贴下由私人公司提供农村基础设施服务的实践。在基础设施领域引入竞争，由私人部门参与运营与管理已经成为基础设施改革的重要举措。这也对解决当前我国农村基础设施投资运营主体缺位的问题提供了一种较新的尝试。

2.3.2 国内研究文献综述

对现有文献进行阅读、整理和汇总，综合分析农村基础设施投资建设相关研究现状(侧重国内分析)，主要表现为以下几个特点。

第一，加大农村基础设施投资的研究日渐成为热点问题。随着研究的深入展开，目前已取得了一定的成果。这些成果表明：对农村尤其是农村基础设施投资建设问题的研究正不断取得进展，这些成果为加快社会主义新农村建设和全面解决“三农”问题提供了必要的理论依据和现实基础。进一步分析，这些成果对于在新农村建设资金有限的背景下，建立资金总量测算模型和优化配置模型有一定的参考价值。当然，研究中也存在一定的问题，即纵向研究(农村基础设施投资规模)较多，横向研究(农村基础设施投资绩效)较少。

第二，农村基础设施投资建设的定量研究较少。现有成果大多关注加大农村基础设施投资力度的必要性政策分析，主要侧重于定性方面的探讨，而对农村基础设施投资物质资本存量进行研究的文章较少。已有的涉及该方面内容的研究成果也只是泛泛地给出了测算结果，对其数据来源和所进行的测算过程则无从考证，这对后续研究的开展形成了一些制约。同时，农村基础设施投资绩效的定量研究大多运用 C-D 生产函数模型，研究方法有待改进。

第三，农村基础设施投资满意度测评尚未系统展开。对于农村基础设施投资建设的研究，现有成果一般以从公共产品供给角度展开研究，侧重于各级政府公共支出的宏观政策执行效果分析，而目前对于农村基础设施投资影响因素的综合分析，以及影响因素重要性程度的研究还处于初级阶段。在当前县级以下财政普遍困难、农村基础设施普遍供给缺乏的情况下，如何解决各类基础设施的投资和出资渠道，在农村地区形成“农民－地方政府－其他经济组织和社会力量”共同参与的合力，是进一步推进社会主义新农村建设、促进农民生产生活改善的关键。

综上所述，农村基础设施投资现有研究情况大体从供给角度出发，即供给效率、供给结构、供给模式等方面展开研究，很少从供与需两个视角研究，尤其是与农村居民对于基础设施的满意水平相结合，从而对政府角色定位满意度作出评估。今后研究工作的开展，应该努力从以下 3 个方面予以改进。

① 深入研究永续盘存法，科学测算各个地区农村基础设施资本存量面板数据，将其作为一个存量（而非现在的流量）纳入模型之中。

② 以投资效果测评作为切入点，从供与需两个视角同时展开研究，深入进行农村基础设施政府角色定位满意度测评研究。

③ 通过个案调查研究，详细掌握农民的出资意愿和对当前基础设施供给的满意程度，针对不同类型的基础设施分别确定合适的筹资和融资的机制。以上问题的解决，将有利于完善农村基础设施投资的绩效评价机制的建立，有利于科学制定公共政策合理配置资源、改进农村基础设施投资策略。

本章小结

本章主要对国内外（侧重国内）现有研究文献进行了汇总整理。总体概况为纵、横两条线：纵向上进行的农村基础设施投资规模研究，主要包括 3 方面的研究内容，即农村基础设施投资的资本存量测算、投资作用分析和投融资模式分析；横向上进行的农村基础设施投资绩效研究，也包括 3 方面的研究内容，即政策效果分析、投资影响因素和绩效评价方法。在此基础上，从加大农村基础设施投资的研究日渐成为热点问题、农村基础设施投资建设的定量研究较少和农村基础设施投资满意度测评尚未系统展开这 3 个层面，进行了具体的文献综述及其后续研究重点和展望工作。

第三章

农村基础设施投融资理论分析

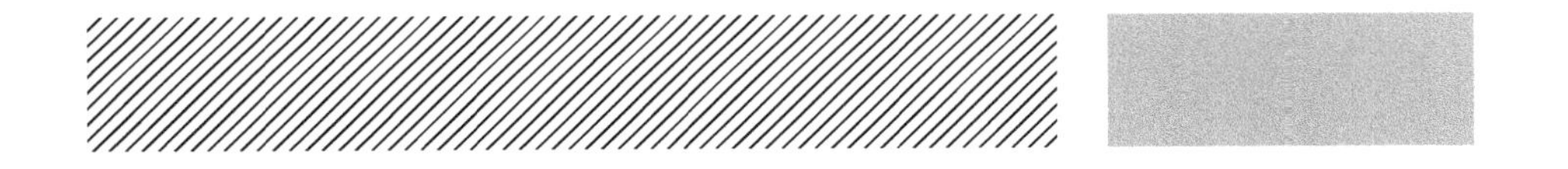

研究农村基础设施投资效率问题需要明确相关基础理论、概念内涵及其外延、目前的投资现状及投资存在的问题，本章紧紧围绕这些问题展开分析，进而奠定了全书的研究基础。

3.1 理论基础

关于基础设施的理论研究，可以追溯到现代经济科学的奠基人亚当·斯密。斯密(1776)认为，公共工程和公共设施的建设是政府的责任和义务。他还特别分析了便利社会商业和促进人民教育的公共设施和公共工程。诚然，斯密将基础设施作为应该由政府义务提供的公共产品。此后的研究文献沿着斯密的基本思路，进一步强调了基础设施的外部效应和公共产品的特性，尽管人们对政府在基础设施建设中的作用有一些分歧。正如让·巴蒂斯特·萨伊等(1993)认为，虽然大多数经济学家都认同政府在建设基础设施方面具有重要责任，但对政府干预应采取什么形式及政府干预的力度应有多大，则存在明显的分歧。J. M. 凯恩斯(1990)在新古典框架内具体探讨了基础设施投资对经济增长的影响及其机制。上述理论研究从公共性的角度，重点研究政府在基础设施投资建设中的作用，产生了对政府参与基础设施建设所起作用的不同理解。本章重点探讨公共产品理论、公共财政理论、项目区分理论和项目融资理论。

3.1.1 公共产品理论

公共产品理论是新政治经济学的一项基本理论，也是正确处理政府与市场关系、政府职能转变、构建公共财政收支、公共服务市场化的基础理论。其理论的发展脉络如图 3 –1 所示。

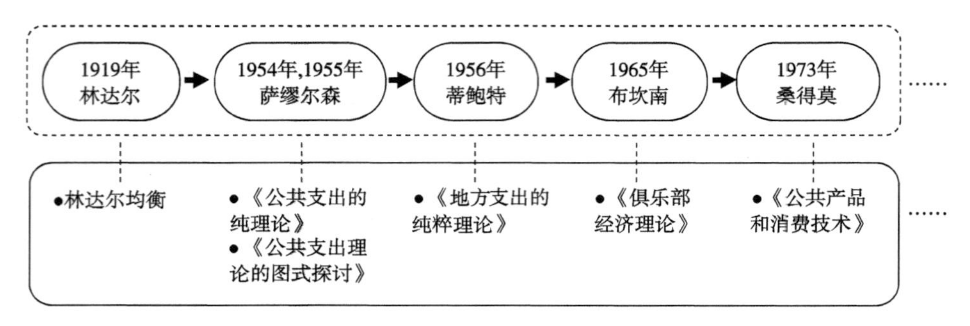

图 3 –1　公共产品理论的发展脉络

根据公共产品理论，人类社会生产的经济产品根据其消费特征可以分为公共产品(也称公共物品，Public Goods)、私人产品(Private Goods)和准公共产品(也称混合产品，Quasi-public Goods)三大类别。

图 3 –2 所示为根据排他性与竞争性的强弱，公共产品、私人产品与准公共产品的划分情况。

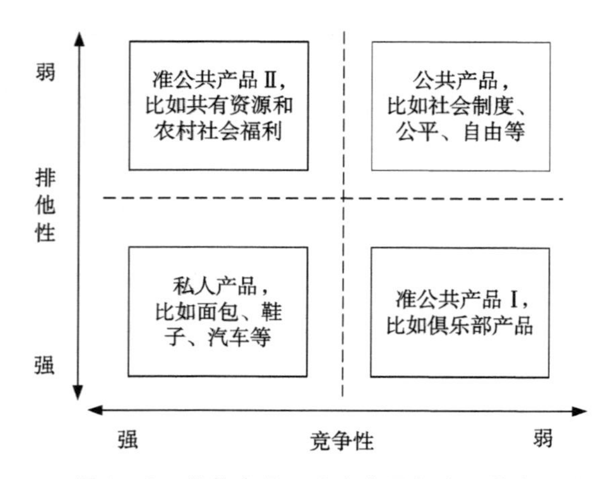

图 3 –2　公共产品、私人产品与准公共产品的划分情况

1. 公共产品

（1）公共产品的定义

公共产品是具有非排他性（Non-Excludability）和非竞争性（Non-Rivalry）的商品。美国经济学家萨缪尔森对纯公共产品的定义是："每一个人对这种产品的消费，并不能减少任何他人对该产品的消费。"大卫·弗里德曼说："我主张将它定义为这样一种产品，它一旦被生产出来，生产者就无法决定谁将得到它。"生产者在技术上无法排斥那些不付费而享用该产品的人，或者排斥的成本高到使排斥他成为不经济的事情。这里，萨缪尔森和弗里德曼分别强调了公共产品的非竞争性和非排他性。

（2）公共产品的特征

一般而言，公共产品具有以下3个特征。

① 效用的不可分割性。即公共产品的效用只能整体提供，不可分割提供。也就是说，公共产品的供应只能在保持其完整性的前提下，由众多的消费者共同享用。

② 受益的非排他性。即公共产品在消费过程中所产生的利益不能被某些人独占，一些人消费的同时无法把其他人排斥在消费过程之外。原因是从技术上不可能排除，或排除成本很高从而在经济上不合算。因此，不可避免地存在"搭便车"现象。

③ 消费的非竞争性。即一部分人对某一种产品的消费，不会影响另一些人对该产品的消费；一些人从这一种产品中受益，不会影响其他人从这一种产品中受益；受益对象之间不存在利益冲突。换句话说，新增加一个消费者并不会影响该公共产品对其原有消费者所能提供的消费品质（如消费数量和质量等）。

图3－3所示为公共产品的特点。

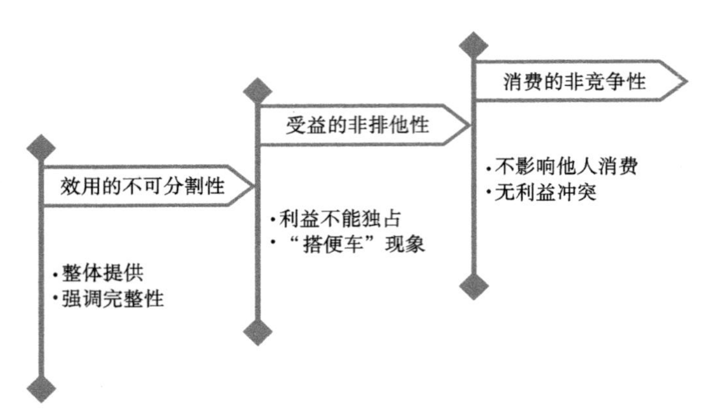

图3－3　公共产品的特点

2. 私人产品

与公共产品相反，私人产品是指具有效用的可分割性、消费的竞争性和受益的排他性的产品，如图3－4所示。

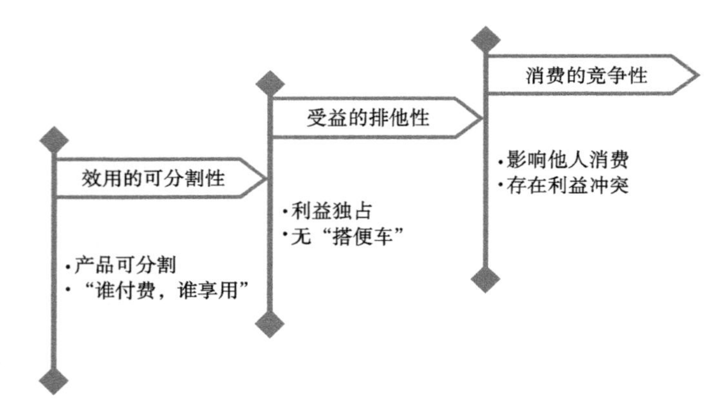

图3－4　私人产品的特点

① 效用的可分割性，是指产品可以分割为许多能够买卖的单位，而且其效用只能对为其付款的人提供。

② 受益的排他性，是指排除那些没有付费的人消费该产品的能力。

③ 消费的竞争性，是指一种状态，即如果某人消费某种产品，其他人就不能再消费该产品。

在生产产品方面，竞争性意味着市场应该提供这种产品，因为只要允许市场以某种价格提供竞争性产品，就可以确保人们在做出生产和使用产品的决策时，适当地考虑成本和收益。将竞争性产品留给市场，可以提高经济效率。排他性意味着市场愿意提供这种产品。总之，对私人产品来说，市场应该愿意提供这种产品。

3. 准公共产品

相对而言，公共产品和私人产品是社会产品中的两极事物。现实中，纯粹的公共产品和纯粹的私人产品都比较少，大量的是兼有部分公共产品特征和私人产品特征的准公共产品，具有消费的非竞争性、受益的排他性和外部性特点，如图3－5所示。

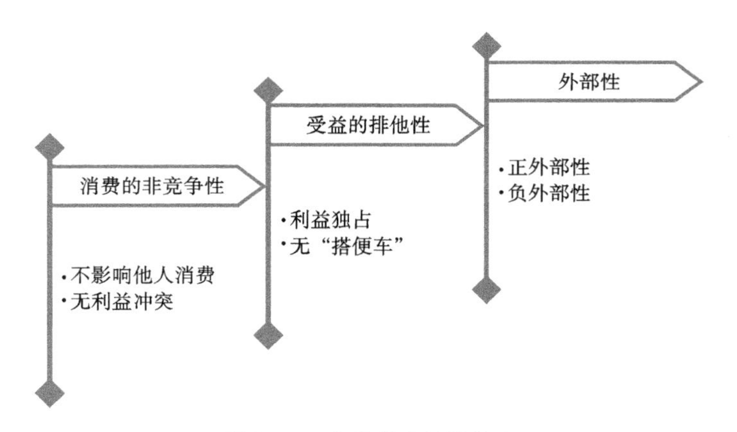

图3－5　准公共产品的特点

具体来看，准公共产品或者是一种扩大了受益范围的私人产品，较之私人产品，它具有部分的非竞争性和非排他性；或者是一种限定了受益范围的纯公共产品，较之纯公共产品，它具有部分的竞争性和排他性。可见，准公共产品是“非竞争性与排他性组合”的产品系统，可以适应从纯公共产品到私人产品的连续集合上的任意一点。所谓排他性，是指将非俱乐部成员或者那些不愿意、不能为准公共产品付费的消费者排除在准公共产品的受益范围之外。同时，准公共产品还具有外部性特征，这类产品的外部性使其社会成本与私人成本、社会收益和私人收益相分离，外部性是准公共产品的本质属性。

公共产品、私人产品和准公共产品的基本特征及其供应方式，见表3.1。

表3.1　三大产品特征及其供应方式

类　别	基本特征	供应方式	实　例
公共产品	共同消费； 具有外在利益； 消费不易排他	政府提供； 政府投资	堤防工程、水土保持、生态建设等
私人产品	单独消费； 没有外在利益； 消费易于排他	市场提供； 向消费者直接收费	大型灌区节水改造工程、农业机械等
准公共产品	单独消费； 具有外在利益； 消费易于排他	政府提供或政府资助； 市场提供； 政府投资或直接收费	水力发电、水上旅游等

3.1.2　公共财政理论

公共财政是指由于市场失灵，政府(市场以外的力量)通过其政治权力，本着为国家社会服务的职责，为市场提供公共服务的一种政府分配行为。它能够弥补市场不足，着眼于社会需求，与市场经济体制相互促进、相互制约，共同为社会发展创造良好的环境和条件。

公共财政在国民经济中起着不可替代的作用，具有对经济宏观调控和对资源合理配置的重要功能。按照公共财政一般性和我国具体的发展实际，我国公共财政的主要职能体现在以下3方面。

① 资源配置职能，筹集公共产品和服务的资金，为政府履行公共服务职能提供财力保障，从而通过政府的职能和权力把有限的资源用到最需要的地方。

② 财政收入分配职能，通过税收机制和转移支付体系将收入进行再分配，减小贫富差距，实现社会公平，维护社会正义。通过合理分配公共财政资源，重点保证公共服务领域的支出需要。

③ 调控经济职能，合理抉择财政政策，运用必要的财政手段对宏观经济运行实施调控，促进国民经济的持续健康发展。

图 3 －6 所示为我国公共财政主要职能划分的情况。

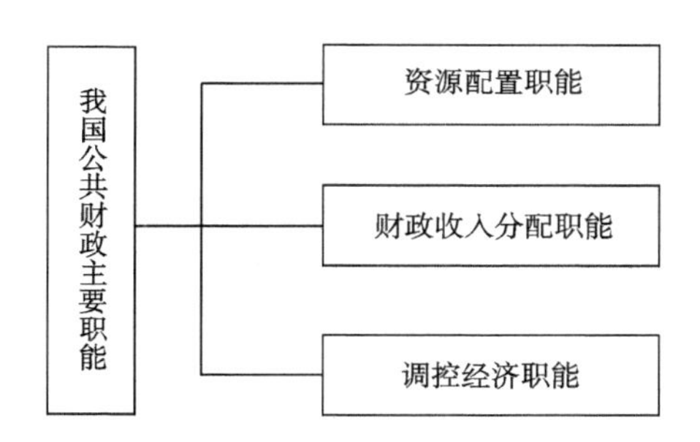

图 3 －6　我国公共财政主要职能划分的情况

提供公共产品是市场经济条件下政府的职责所在，作为政府的重要职能机构，公共财政需要为政府提供公共产品筹措资金和支付成本。其中，纯公共产品的提供需要公共财政承担全部成本，准公共产品的提供需要公共财政承担部分成本。由此不难看出，公共产品的形成和发展是公共财政履行职能的前提，两者是相辅相成的。需要指出的是，公共财政并不仅仅为公共产品本身提供支付成本，在经济转型时期，公共财政还要为公共产品供给制度的改革创新承担必要的成本。

3.1.3　项目区分理论

上海市城市发展信息研究中心在《上海市政、公用基础设施投融资发展战略研究报告》中提出指导城市基础设施建设的项目区分理论，该理论的核心是严格区分经营性项目和非经营性项目。该报告建议把经营性项目放入社会，吸纳多元投资；而政府只投资于非经营性项目建设，在财力不足进行举债时，建立长效举债建设机制，做到理性举债建设①。

项目区分理论是指将项目按照其经济属性的差别划分为不同的类别，即非经营性与经营性，然后根据各个分类的经济特征来确定项目的投资主体、融资方式、运作模式、资金渠道、风险分配、收益分配、项目的建设工作如何安排，以及如何进行日后的运营和维护工作等。

一般而言，非经营性项目投资主体由政府承担，按政府投资运作模式进行，资金来源应以政府财政投入为主，并配以固定的税种或费种得以保障，当然其权益也归政府所有。但是在投资的运作过程中，也要引入竞争机制，按招投标制度进行操作，并需要提高投资决策的科学性、规范性，促进投资效益的进一步提高。经营性项目属于全社会的投资范畴，其前提是项目必须符合城市发展规划和产业导向政策，投资主体可以是国营企业，也可以是民营企业，还包括外资企业等，通过公开、公平、竞争的招投标，其融资、建设、管理及运营均由投资方自行决策，所享受的权益也理应归投资方所有。但是在价格制定上，政府应兼顾投资方利益和公众的可承受能力，采取“企业报价、政府核价、公众议价”的定价方法，尽可能做到公众、投资方、政府三方都满意。不同类型的基础设施经济特性不同，其可市场化程度具有显著的差异，市场化程度直接影响其建设供给模式的选择。

根据项目区分理论，农村基础设施要从公共经济角度进行划分，将其分为非经营性基础设施、准经营性基础设施和纯经营性基础设施。根据项目的性质设计项目融资中投资结构、运作模式的选择、资金的渠道及权益的最终归属。具体来

① 余池明，张海，2004. 城市基础设施投融资［M］. 北京：中国计划出版社.

看，农村基础设施的竞争性和排他性越强，社会外部效应越弱，规模经济性越强，其可市场化程度会相对越高，对民间资本的吸引力会越强，这类设施可以称为纯经营性农村基础设施。其产品或服务的供给可以通过市场化方式运作，政府提供一定的政策和资金支持即可。反之，这类设施则称为非经营性农村基础设施。其产品或服务的供给主要依靠政府财政资金支持，但随着直接受益群体经济实力的改善，也可以通过政府主导，受益主体参与的方式进行建设和运营维护。对于具有一定竞争性和排他性的农村基础设施，其社会外部效应较强，又具有一定的规模经济性，其可市场化程度达到一定水平，则对民间投资会具有一定的吸引力，这类设施称为准经营性农村基础设施。这类基础设施既需要政府财政资金的支持，同时也可通过政策引导民间资本介入，通过公私合作模式提供，这是一种有效的方式①。

3.1.4　项目融资理论

融资也叫金融，从广义上讲，融资是指货币资金的融通，即当事人在金融市场上筹措或放贷资金的行为。从狭义上讲，融资即是一个企业筹集资金的行为，是公司结合自身的生产经营状况和资金拥有状况，综合考虑公司未来经营发展的需要，通过科学的预测和决策，采用合法的方式和正规的渠道向公司的投资者和债权人去筹集资金，满足公司正常的生产经营需要②。

项目融资是一种新型的融资模式，是在 20 世纪 70 年代末国际债务危机随着发展中国家的大量举债而加剧的背景下发展起来的。在这个时期，经济迅速发展，人民生活水平进一步提高，因此对公共基础设施的需求越来越大，基础设施

① 韩美贵，蔡向阳，徐秀英，等，2016. 不同类型农村基础设施建设的 PPP 模式选择研究［J］. 工程管理学报，(4)：90 –94.

② 李辉，郭继秋，姚雪，2010. 基础设施融资理论文献评析［J］. 情报科学，(5)：768 –770，775.

的标准也越来越高。但是政府的财政并不能支持大规模的基础设施建设，这样财政困难和基础设施需求之间的矛盾就凸显出来，而且不仅是发展中国家，发达国家也同样面临这个问题。首次提出这个问题的解决方案的是土耳其总理奥热扎尔，他在探索公共项目私人参与的模式时提出了 BOT，随后崭新的模式诸如 PPP、PFI 等就发展起来了。

项目融资是以项目为导向，将项目的资产、现金流、未来收益等作为抵押来进行有限追索或无限追索的融资活动。项目融资在设计上有很大的灵活性，不同的项目可以设计出不同的融资结构和模式。由于篇幅所限，下面仅简单介绍 3 种常见的融资模式。

1. **BOT 模式**

BOT 融资模式（简称 BOT 模式）是一种最典型的引入私人资本和外资的建设基础设施的模式。其主体思路是政府出让特许建设权和经营权，投资方独立或联合其他投资人或公司组建一个项目公司，整个项目公司就以项目为主，为其融资、设计、建设和运营。投资方所追求的经济效益是通过在特许经营期内运营该项目所获得的效益，等特许经营期满之后，该项目就会无条件地无偿或低价转让给政府。

BOT 融资模式是将多个投资人的利益结合在一起以平衡和分散风险。该模式具体操作起来非常复杂，要保证在农村基础设施建设中成功应用 BOT 融资模式，则需做好以下工作。

① 农村基础设施本身对贷款资金不具有吸引力，所以要在项目实施之前，设计出适合的融资结构，确保基础设施建设过程中资金来源的连续性与稳定性。

② 由于农村基础设施的特殊性，投资结构和管理设计要符合其项目特点，整个运作需要在平衡各投资者利益和风险的前提下，确保该项目有主要投资主体或负责人，能够承担起相应的管理责任。

2. PPP 模式

PPP 管理模式（简称 PPP 模式）是政府部门和私人部门合作模式。这个合作模式并不像 BOT 模式那样由政府对项目进行研究、设计和提出可行性报告之后再引入私人部门，并在一段时间内全部转给私人部门（其中包括项目的效益、责任、风险等），而是根据项目的预期收益及政府扶持优惠措施的资信来安排融资。在这里，项目一开始就让私人部门参与进来，对项目的可行性、设计技术等提出意见和建议，然后成立项目公司，与政府签订特许权协议，再对项目进行招标建设，即运营期结束后移交给政府。

PPP 模式是一个极其丰富而宽泛的概念，不同国家和国际组织在实践中不断探索，今天 PPP 模式包含的实现形式多达数十种。多个国家和国际机构也从不同角度对 PPP 模式提出不同的定义和分类，王灏（2004）在参考世界银行和加拿大 PPP 委员会分类方式的基础上，结合中国国情，将 PPP 模式分为三大类，即外包类、特许经营类和私有化类。每一个大类下面，又有不同的实现形式，决定了其在应用过程中的不同特点，并提出要依据项目不同特点选择适合的 PPP 模式。PPP 模式三级结构分类如图 3 –7 所示。

运用 PPP 模式，有利于更好地吸引农村基础设施投资。

（1）可以充分发挥市场的资源配置功能

党的十八届三中全会指出：经济体制改革要“使市场在资源配置中起决定性作用和更好发挥政府作用”。在社会主义市场经济条件下，运用市场机制吸纳农村基础设施建设所需的资金，有利于缓解政府的财政压力，提高农村基础设施的建设、经营和管理效率，拓宽社会资本特别是城市过剩资本的投资渠道，增强农村市场活力。

（2）可以更好地发挥政府的作用

农村基础设施的类型及其投资特点决定了其投资领域须全面覆盖，但资本

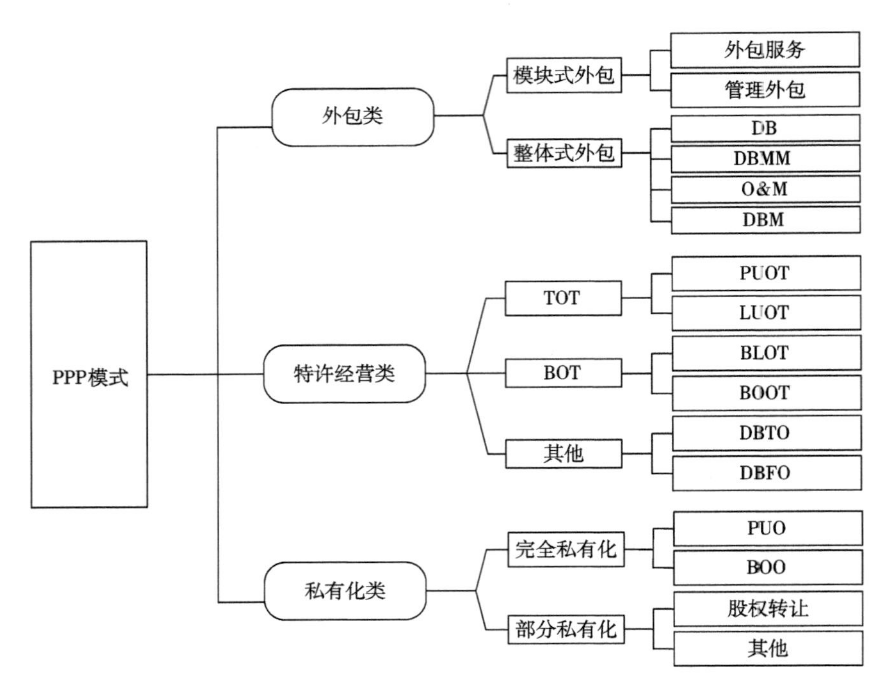

图 3-7 PPP 模式三级结构分类

对短期高额利润的热衷会使部分农村基础设施(如防汛抗旱设施和农村信息基础设施等)难以融资，而政府发挥导向作用的 PPP 模式则能弥补这一不足。政府可以通过购买服务、特许经营等模式，主导 PPP 项目合同的设计，以增加政府投资比例、社会资本利润分配比例等，吸引社会资本开发较难融资的农村基础设施①。

3. PFI 模式

PFI 模式，即私人主动融资，是由英国政府在 20 世纪 90 年代初提出来的，也是一种关于基础设施投资、建设和运营的模式。政府根据所需建设的基础设施项目，通过招投标由私人部门对该项目进行设计、建设与运行，在特许期结束后

① 张学昌，2016. 农业基础设施投资的 PPP 模式：问题、框架与路径 [J]. 农村经济，(9)：98-103.

将项目完好地移交给政府，其经济效益来源是从政府部门或享受服务的一方收取费用。PFI 可划分为以下 3 种模式。

① 直接向公共部门提供服务的模式，在这种情况下私人部门负责项目的设计、建设、融资与运营，项目的收入是政府向其支付的使用费用。

② 收费自立模式，即私人部门向使用者收取一定的费用来收回成本获得收益，这种模式与 BOT 模式基本一致。

③ 公私合营模式，即由私人部门主导投资，政府只投资一部分，具体的收益或费用收取等可在协议中具体协商。由此可见，PFI 模式更具有灵活性，根据不同类型的项目可选择不同的 PFI 模式。

3.2　概念及分类

3.2.1　农村基础设施

1. 概念

农村基础设施(Rural Infrastructure)是基础设施的一个子系统，研究对象的地域范围限制在农村之中。作为农村公共产品的重要组成部分，本书所研究的农村基础设施是为农业、农村和农民生产生活提供服务的社会先行资本的总和。[①] 其“先行资本”的作用主要体现在以下 4 个方面[②]。

---

① 关于农村基础设施概念及范围的界定，学术界有不同的观点。其中：费振国认为农村基础设施是指再生产的能量转换、物质交换与循环等整个过程中物质的投入及社会条件的有机整体；彭代彦认为农村基础设施是一种投资周期长、外部效应大、为农村的生活和生产提供最基本服务的设施；本书作者认为农村基础设施是公共产品重要的一部分，是具有一定外部性的，为农村生产、生活、服务所需的一切物质和精神基础。

② 曾福生，蔡保忠，2018. 农村基础设施是实现乡村振兴战略的基础［J］. 农业经济问题，(7)：88－95.

（1）农村基础设施的要素流动效应

农村基础设施是农村地区生产部门发展的基础，农村基础设施的数量和质量会直接或间接地影响生产部门的成本和收益。例如，完善的农村交通基础设施可以节约生产部门的成本，实现各种生产要素和产品的空间转移。又如，农村通信基础设施可以消除信息鸿沟，有助于建立农村地区生产部门和市场之间的广泛联系，扩大产品的市场半径。

（2）农村基础设施的规模效应

大规模专业化的生产是现代产业的典型特征，无论是一、二、三产业还是一、二、三产业融合后产生的新产业新业态，规模经济无疑可以降低生产部门的平均生产成本。随着基础设施投入的增加，生产部门生产同样产量的产品其要素投入数量将会下降。同时，大规模专业化的生产活动既需要生产要素和产品实现大规模的空间转移，也需要大规模的生产要素和商品流通，良好的交通通信基础设施是前提条件。

（3）农村基础设施的结构效应

基础设施在经济发展中具有对生产要素组合和促进社会生产各个环节互相衔接的整体功能，它所形成的共同生产条件比生产部门自己投资创造这些条件更加经济、更有保证。生产部门可以集中资源在所处产业的研发和生产上，提高生产投资回报率。如农村电商、乡村旅游、乡村养老、乡村养生等农村新产业新业态的发展优化了农村经济结构，这些农村新产业新业态的产生与发展都离不开良好的农村基础设施。

（4）农村基础设施的乘数效应

投资乘数论的主要观点是增加一笔投资会带来大于或数倍于这笔投资额的国民生产总值的增加。这种投资对于产出扩大的影响称之为“乘数效应”。农村基础设施的投资不仅会带动与基础设施建设相关联的上、下游行业的投资，还会带动农民就业增收和提高其消费能力。以农村交通基础设施建设为例，交通基础设施的建设对钢筋、水泥等建筑材料的需求会带动相关产业的发展，建设施工会吸纳大量农村劳动力就业，建成的农村交通基础设施会让农村居民有更多消费小汽车等交通工具的意愿，进一步打开农村消费市场。新一轮的消费又会带动更新一轮的投资生产，从而使农村市场进入一个良性循环通道。

图3－8所示为农村基础设施“先行资本”作用的具体体现。

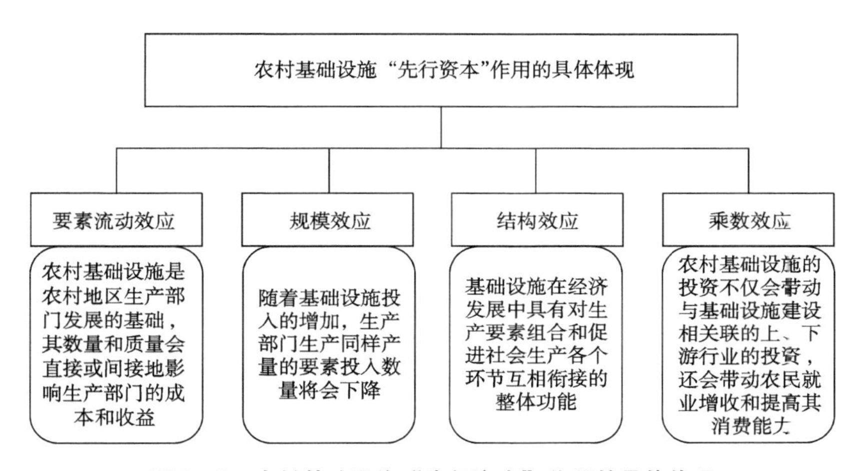

图3－8　农村基础设施“先行资本”作用的具体体现

2. 分类

根据世界银行在《1994年世界发展报告：为发展提供基础设施》中对基础设施给出的定义，将基础设施分为经济类和社会类，结合《我国农村统计年鉴》对基础设施的统计口径，农村基础设施主要包括：电力、燃气及水的生产和供应；水利、环境和公共设施管理；交通运输、仓储和邮政；信息传输、计算机服务和软件；教育业；卫生、社会保障和社会福利。以此为理论依据，本书将农村基础设施主要划分为三大类6项。

第一类，生产类基础设施，主要包括电力、燃气及水的生产和供应基础设施，水利、环境和公共设施管理基础设施。

第二类，流通类基础设施，主要包括交通运输、仓储和邮电基础设施，信息传输、计算机服务和软件基础设施。

第三类，服务类基础设施，主要包括教育基础设施，卫生、社会保障和社会福利基础设施。

需要说明的是，以上分类的侧重点为“硬件”农村基础设施，而作为农村建设中的“软件”投入(如粮食主产地区的奖励、畜牧优良品种补贴、引进国外先进农业技术资金、义务教育经费补贴等)暂不作为研究的主要内容。

图3－9所示为农村基础设施的分类。

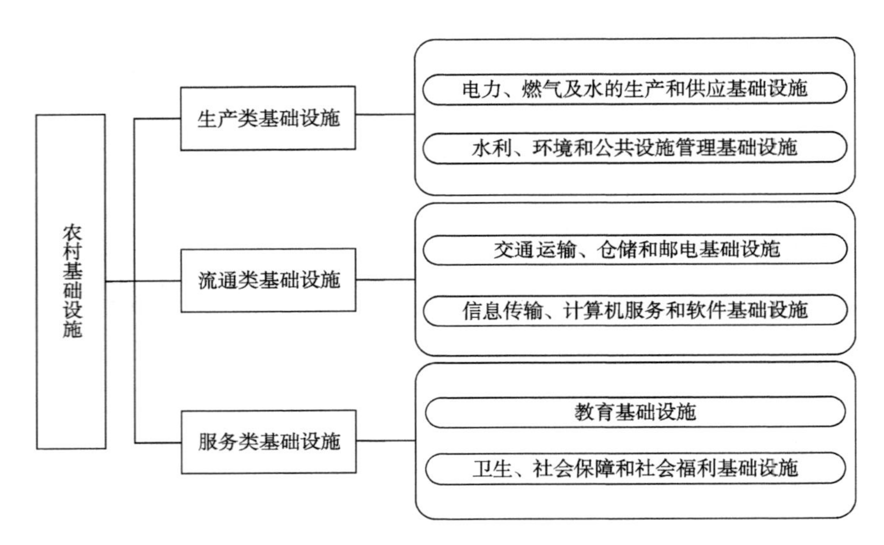

图3－9　农村基础设施的分类

在此基础上，依据项目区分理论将农村基础设施项目进行具体分类。具体来看，关于农村基础设施项目，其项目区分的原则是基于产品或服务的分类理论及投资行为的分类属性，基本上介于纯公共产品与纯私人产品之间，属于准公共产品类；其相应的投资行为也有两种属性，即营利性或非营利性。因此，可以借鉴前面的项目区分理论对农村基础设施项目进行分类与界定，以便按照不同的规律形成不同的运作体系，进一步实施新时期下的农村基础设施投融资发展战略。

（1）农村基础设施项目的分类标准

农村基础设施项目，可按能否让市场发挥作用这一角度进行分类，以项目有无收费机制即资金流入分成两大类，即非经营性项目和经营性项目，其中经营性项目按照有无收益（利润）又分为纯经营性项目和准经营性项目两小类。

图3－10所示为按照项目区分理论农村基础设施项目的分类。

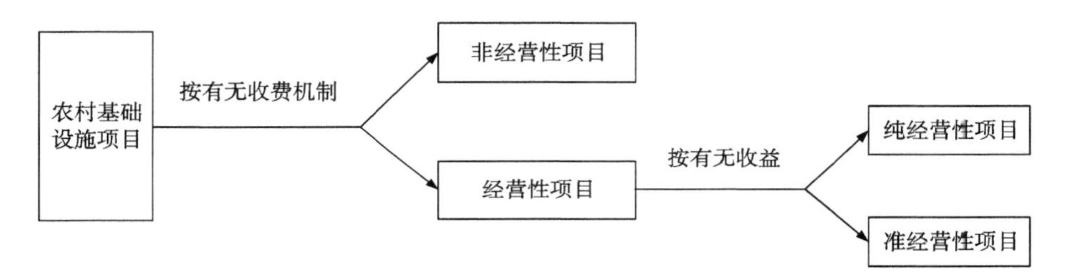

图3－10　按照项目区分理论农村基础设施项目的分类

第一小类为非经营性项目，这类项目无收费机制及无资金流入，是市场失效而政府有效的部分。这类农村基础设施的投融资目标一般并不是为了获得相应的经济回报，而是获取社会效益和环境效益，市场调节难以对此起作用，如堤防工程、水土保持、生态建设等。这类农村基础设施一般交由代表公共利益的政府，利用财政资金进行投资、建设、运营、维护和改造升级等。

第二小类为经营性项目，这类项目有收费机制（有资金流入），包括纯经营性项目和准经营性项目。

① 纯经营性项目（营利性项目），是指以经济效益为主的项目。投融资主体通过这类农村基础设施投融资活动获得投资收益，如水力发电、水上旅游等。这类农村基础设施项目可以通过市场进行有效配置，目的是利润的最大化，其投资的形成是价值增值的过程，可通过全社会投资加以实现。

② 准经营性项目，是指既有社会效益，又有经济效益，并且大部分是以社会效益为主的项目。这类农村基础设施主要为社会公益服务，但也能给投融资主体带来一定的经济回报，如大型灌区节水改造工程等。这类农村基础设施项目有收费机制和资金流入，具有潜在的利润，但因其政策及收费价格没有到位等客观因素，收回成本较困难。其附带的部分公益性，是导致市场失效或低效的因素，由于经济效益不够明显，市场运行的结果将不可避免地形成资金供给的缺口，要通过政府适当贴息或政策优惠维持运营，待其价格逐步到位及条件成熟时，即可转变为纯经营性项目(通常所说的经营性项目即为纯经营性项目)。

进一步分析，在提供这类具有准经营性项目特点的农村基础设施时，可以考虑引进市场运作机制，通过向使用者收取费用来收回投资，而且其收益也会弥补建设时投入的成本，并有一定的收入盈余，这一特征对私人部门有很大的吸引力，不过投资对象毕竟是农村基础设施，多少带有些公共产品的特色，比如外部性和“搭便车”情况，这些都有可能会导致农村基础设施供给效率低下、私人部门的经济收益受损。为应对这种不利情况，私人部门要科学计算预期收益，据此完善相关价格机制，而政府可以在项目运行初期向私人部门提供财政补贴并制定相关的优惠政策，比如税收优惠、技术协助等。

(2) 经营性与非经营性项目的相互关系

通过制定特定政策或提高其价格等提升农村基础设施的可经营性，使准经营性项目转变为纯经营性项目，非经营性项目转变为准经营性项目，甚至转变为纯经营性项目。因此，非经营性项目、经营性项目根据政策条件可以相互转化。例如，敞开式的道路一旦设定收费机制，就由非经营性项目转变为经营性项目；而经营性项目一旦取消收费，就又成为非经营性项目。

在项目区分理论和公共产品理论指导下的农村基础设施分类情况，见表3.2。

表 3.2　不同理论指导下的农村基础设施分类

按项目区分理论分类		按公共产品理论分类		实　例
类　别	项目属性	类　别	项目属性	
非经营性项目	无收费机制	纯公共产品	明显的非竞争性和非排他性	大型水利设施、义务教育、农村公路、渔港渔政等
准经营性项目	有一定收费机制，但收回成本较困难	准公共产品	不完全的非竞争性和非排他性	农村电网、饮水设施、沼气池设施等
纯经营性项目	通过市场机制进行收费	私人产品	消费的竞争性和排他性	中小型节水设备、农业机械，以及农民家庭自用的生产和生活设施等

农村基础设施建设是一项浩大的工程，其重点和难点是资金问题。由于我国财政体制不完善，对农村基础设施建设的公共财政投资有限，而我国金融服务及政策也没有很好地向农村建设倾斜，难以支持农村基础设施的建设；而且引进私人投资的各种机制也不完善，部分大项目可以运用项目融资模式，小项目很少能吸引到资金。因此，应系统地、分门别类地研究基础设施建设的融资方式、渠道和来源，确保我国农村基础设施建设的顺利进行。

3. 特点

作为公共产品组成部分之一，农村基础设施具有典型的公共产品相应的属性。下面从供给、消费与外部经济性 3 方面予以具体阐述。

（1）农村基础设施供给的特征

它主要包括基础性和先行性、资本不可分性、供给范围的相对外延性等方面。

① 基础性和先行性。农村基础设施所提供的公共服务是其他农产品与服务生产必不可少的，若缺少这些公共服务，其他农产品与服务便难以生产或提供。因此，农村基础设施投资必须在时间上先于其他生产性投资。

② 资本不可分性。罗森斯坦·罗丹提出基础设施资本是不可分的，体现在3个方面：一是在生产函数中存在不可分性(特别是从供给因素看)；二是需求的不可分性；三是储蓄供给的不可分性。在后面的章节我们将分析农村基础设施资本的这种不可分性，充分说明将农村基础设施的资本存量纳入生产函数，要比将基础设施资本流量纳入生产函数更为合理。

③ 供给范围的相对外延性。由于农业是国民经济的基础，属于弱质产业，再加上农民的经济条件和农村的相对落后，因此，在城市中可以由个人或企业来提供的基础设施，在农村中却主要由政府来提供，并由政府来负责农村基础设施的投资、建设、运营与管理等工作。

（2）农村基础设施消费的特征

它主要包括消费的非竞争性、非排他性、需求的多层次性及投资和使用的相对低效性等方面。

① 消费的非竞争性。农村基础设施的消费通常具有非竞争性，消费者或消费数量的增加不会引起该产品生产成本的增加。换而言之，农村基础设施的非竞争性意味着增加的消费者引起的社会边际成本为零。在公共产品的消费上，人人都可获得相同的利益，一个人受益并不妨碍另一个人受益。

② 消费的非排他性。非排他性是指某个消费者在消费某种公共产品时，他不能同时排除其他人也消费这种产品，或者，至少要花费高昂的成本才能阻止其他人从中受益。而私人产品具有排他性，即一个人付款获得一种商品的消费权之后，其他人就不能享用这种产品的全部效用。

③ 需求的多层次性。我国国土范围非常辽阔，各地的发展极不均衡，而且农村社区本身具有边缘性和生产的分散性，不同的社会经济发展水平、资源条件、区位条件和人口数量，决定了不同层次的农村基础设施需求。

④ 投资和使用的相对低效性。从经济效益上讲，由于农村地域辽阔、农民居

住分散，以及农业活动具有空间上的扩散性和时间上的季节性。一方面，农村的基础设施的分布密度远低于城市基础设施，投资于农村难以取得像城市那样高的回报；另一方面，农村基础设施的受益范围有限，使用效率较低。

(3) 农村基础设施具有较大的外部经济性

在很多时候，某生产者（或消费者）的一项经济活动可能给社会上其他成员带来好处，但他自己却不能由此而得到补偿，并且这种影响不能反映在价格机制之中，这种性质被称为“正外部经济性”。由于它的存在，使当事人的收益与成本不对称，或者说农村基础设施的社会收益率高于其他产业部门，而私人收益率却低于其他产业部门。因此，农村基础设施的私人供给（投资）常常不足。同时，“正外部经济性”是价格机制以外的人与人之间的相互影响，这种相互影响无法通过价格机制来处理，社会最多只能模仿价格机制来对此加以处理，但这又产生一些麻烦，如囚徒的困境、公共地的悲剧。因此，只有通过新的制度安排来使其外部经济性内在化，从而增加社会总净收益。

图 3－11 所示为农村基础设施从供给角度、消费角度和外部经济性 3 方面展开的特点。

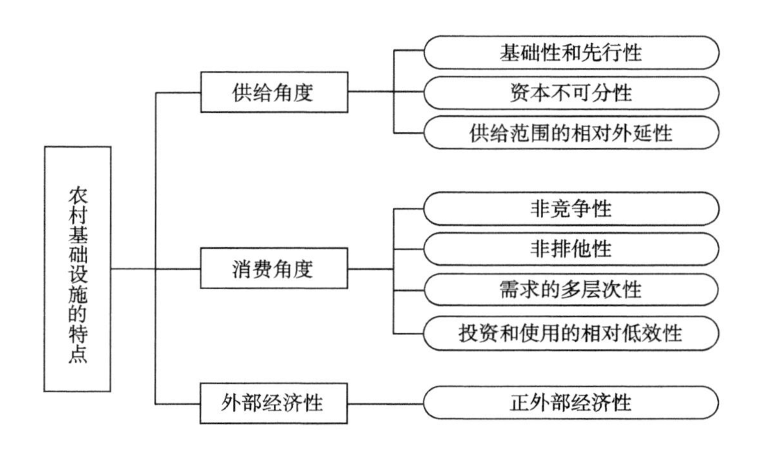

图 3－11　农村基础设施的特点

3.2.2　农村基础设施投融资

1. 概念

农村基础设施投融资，是指为农村的基础设施建设提供资金需求而采取的筹资行为。农村基础设施的建设离不开建设资金的投融资过程。农村基础设施投融资模式通常包括农村基础设施投资主体筹措和运用资金的方式与方法，以及组织管理和调节该活动的制度、方式与方法。在农村基础设施投融资模式研究中，投融资主体如何筹集资金(即融资)、如何使用资金(即投资)是研究的主要问题。但融资和投资并不是孤立的，两者是相辅相成的，融资的目的是投资，而投资的前提是融资。融资不仅决定投资的资金来源，更与投资的效率密切相关，融资的成功与否决定着整个投融资活动能否顺利进行。因此，融资分析是农村基础设施投融资模式研究中的关键问题。

纵观我国基础设施投融资模式的历史演进过程，我国先后经历了政府财政融资、政策性金融融资、市场化项目融资等模式。政府财政融资模式主要是政府通过税收、债券等融资，再以财政拨款等形式投资农村基础设施建设；政策性金融融资模式主要是政策性金融机构等通过债券、吸收存款、外国无偿贷款等融资，再以银行贷款方式投资农村基础设施建设；市场化项目融资模式主要由市场化的投融资主体以项目为基础，通过股票、债券等灵活的市场化行为进行农村基础设施的投融资活动。农村基础设施投融资模式分析如图 3－12 所示。

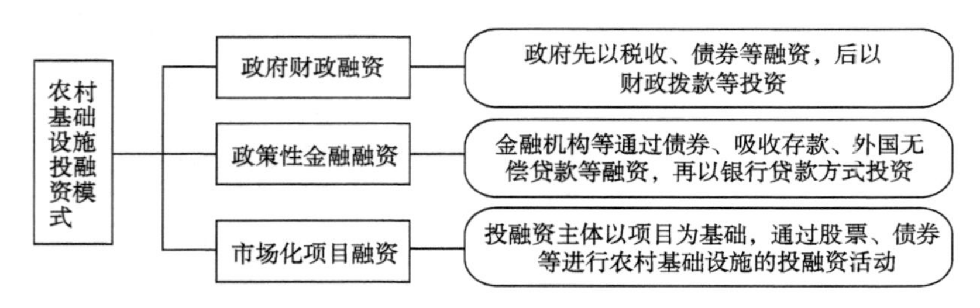

图 3－12　农村基础设施投融资模式分析

2. 特点

（1）投融资社会公益性

农村基础设施一般是涉及国计民生的基础性设施或服务，其投资、建设、经营质量的好坏关系到农民收入水平、农村经济发展速度等方面，其社会效益非常显著。作为农村公共产品的重要组成部分，农村基础设施投融资具有典型的公益性特点。

因此，在分析农村基础设施项目的经济效果时，不宜过分强调其企业经济效益，而应侧重于农民需求，进而提高社会效益。农村基础设施的社会公益性决定了项目投融资的可行性分析、项目事前及事后评估须同时建立在经济性和社会性的基础上，对项目建设、营运的投入产出率考察也须建立在以农村基础设施项目社会效益为重点的基础之上。

（2）投融资效益滞后性

与一般建设项目相比，农村基础设施项目具有建设周期长、投入量大、投资年限长等特点。由于基础设施大多数只是为公众提供如出行、环境整理等基础性服务，其收费也受到政府的控制，因此在短时间内很难收回成本。但因其收益较为稳定，在项目经营后期仍然有较高收益，而此时项目仅仅需要维修成本，因此其投资效益具有明显的滞后性。

（3）投融资模式多元性

由于农村基础设施项目具有投融资决策的复杂性、投融资规模的巨大性、投资效益的特殊性等特点，在融资过程中就已经涉及或考虑投资因素，即政府直接投资或间接投资、私人资本投资、项目融资、租赁等，并且涉及投资主体类型、融资渠道、经营方式设计、管理模式设计、投资回报方式、产权安排等各种影响因素，必然决定了农村基础设施项目投融资模式的多元性。

图 3－13 所示为农村基础设施投融资的 3 个特点。

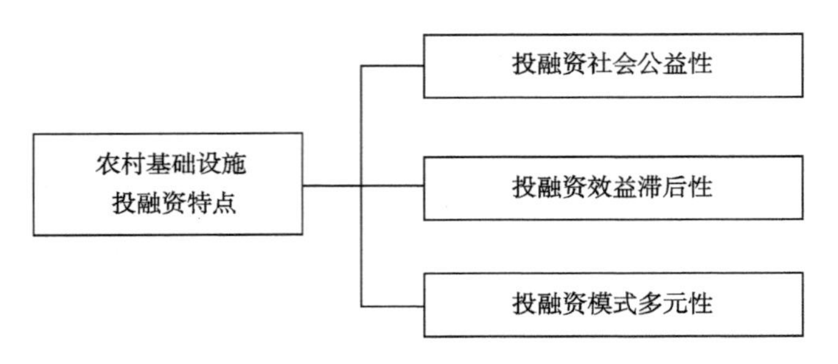

图3－13　农村基础设施投融资的特点

3.2.3　农村基础设施投融资模式

1. 概念

农村基础设施投融资模式就是为农村基础设施建设而进行投融资所采用的可以反复使用的方法和方案。在投融资的过程中，影响农村基础设施项目对投融资方案选择的最重要的因素无非就是各类投融资模式的收益大小。因此，农村基础设施投融资决策者在决定选择某一种投融资模式之前，必然会先对其收益特征进行综合分析，然后研究出具有相同收益特征的融资方案。

2. 构成要素

农村基础设施投融资模式由投融资主体、投资渠道、投融资方式3个基本要素构成。

① 投资主体是农村基础设施项目的投资者或者融资者，一般而言，融资主体大多为农村的政府部门或者具有部分政府功能的农村基础设施建设单位，有些经营性的项目融资主体也可能是社会团体或者自然人。

② 投资渠道又称资金来源，从农村基础设施投融资角度来看，其来源多为政府财政拨款、银行贷款、资本市场或者外资引入等。

③ 投融资方式我们可以理解为资金融入的形式，主要包括股票、证券、期货

期权、商业贷款等金融工具。在我国，较为常见的投融资形式多以金融领域工具为主。

图3－14所示为农村基础设施投融资模式主体、渠道和方式这3个构成要素的分析。

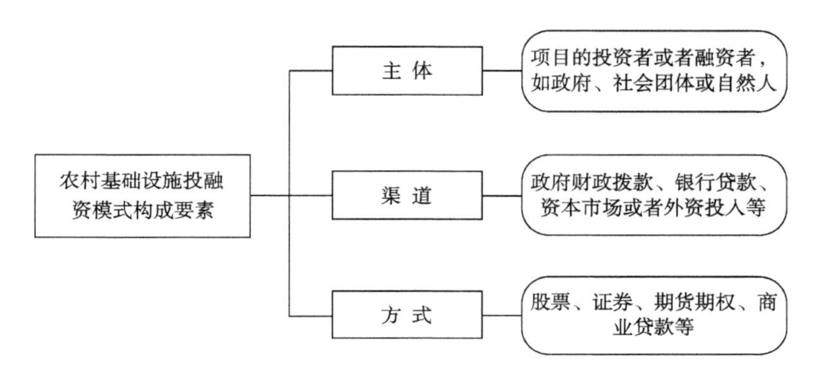

图3－14　农村基础设施投融资模式构成要素分析

3. 类别界定

在农村基础设施投融资中，可以借鉴城市基础设施现有的投融资模式，采用商业银行贷款、银团贷款、外国政府贷款、国际金融机构贷款、发行债券融资、信托计划融资、BOT项目融资、PPP项目融资等多种投融资模式。不同的投融资模式有不同的特征和适用条件，在农村基础设施投融资过程中，不同的投融资模式的适用性各不相同，选择合适的投融资模式，对农村基础设施的建设具有重要的意义。

需要说明的是，由于国内专家学者对于政府财政拨款研究较多，由于篇幅所限，所以本章侧重其他投融资模式的研究。图3－15所示为农村基础设施投融资模式，在此基础上，表3.3从概念、特点和适用范围/条件3个方面进行了农村基础设施投融资模式的比较与分析。

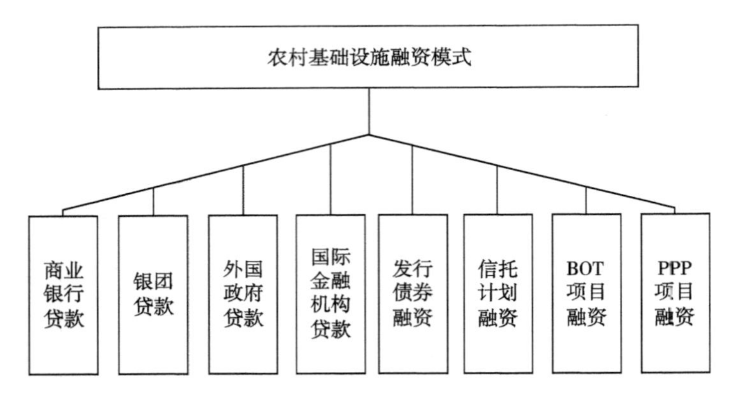

图 3－15　农村基础设施投融资模式

表 3.3　农村基础设施不同投融资模式的比较与分析

融资模式	概　念	特　点	适用范围/条件
商业银行贷款	银行以一定的利率将资金借贷给资金需要者，并按照原定期限付息还本的一种经济行为	所提供的服务种类多样；特别关注当地农村经济发展水平、项目盈利性和地方政府担保等	投资回报有保证，收益率较高；投资回收周期相对较短；地方政府愿意提供担保
银团贷款	由国内或国外几家银行或金融机构采用同一贷款协议，向一家企业或一个项目提供一笔融资额度的贷款模式	利益共享；风险共担；统一管理；份额表决	资金规模较大；经营性项目投资回收期相对较长；收费权有保证
外国政府贷款	外国政府向发展中国家提供的优惠性贷款	贷款期限长，利率低，赠与成分高；外国政府贷款的规模有限；具有较浓的政治色彩；币种具有固定性	资金规模适中；项目能够贯彻产业和区域发展政策，提高贷款的社会经济效益

续表

融资模式	概　念	特　点	适用范围/条件
国际金融机构贷款	国际金融机构作为贷款人向政府机构以协议模式提供的优惠性贷款	程序复杂，涉及部门多，协调难度大；贷款规模较大；贷款期限长；经常伴随对项目技术和管理上的支持	项目具有较强的示范意义；优选西部和内陆省份项目；倾向于新能源、教育、社会服务和环境产业等
发行债券融资	一般由地方政府授权代理机构发行，用于地方基础设施和社会公益性项目建设的有价证券	充分聚集利用社会资本；有利于促进当地居民代际之间债务负担的公平化	宏观经济发展水平较高；政府具有较强的财政资金管理能力和健全的地方税收体系
信托计划融资	委托人将自己合法拥有的资金委托给信托公司，由信托公司以自己的名义按照委托人和受托人双方的约定，实施信托计划的一种投融资模式	财产事务管理，即受人之托，为人管业，代人理财；为基础设施等经济建设筹集资金；社会投资和公益服务	收益稳定的基础设施项目；当地金融市场较为完善，有成功的信托融资经验
BOT项目融资	政府将一个基础设施、资源开发或公共服务的项目的特许权授予承包商，由承包商在特许权期内负责项目的设计、投资、建设、运营，并收回成本、偿还债务、赚取利润，特许期结束后将项目所有权移交给政府	基础设施的经营权有期限的抵押以获得项目融资；有效分担项目风险；要求一系列复杂的合同安排，需要项目各参与方密切合作，程序较为复杂，实施难度较大	资金规模较大；项目风险较大，需要有效的分担机制；项目具有一定的技术难度
PPP项目融资	政府与私人组织之间，为了提供某种公共产品和服务，以特许权协议为基础，彼此之间形成一种伙伴式的合作关系，并通过签署合同来明确双方的权利和义务，以确保合作的顺利完成，最终使合作双方达到比预期单独行动更有利的结果	强调政府和社会资本的参与和合作，整合双方资源，强调资源配置，实现项目价值的最大化，共同收益，各担风险；融资主体是项目公司，项目公司承担项目投融资风险，而社会资本方（母公司）并不承担全部融资风险	规模比较大，收益周期长的项目：公共设施项目、公共工程项目和交通设施项目等

3.2.4 基于项目区分理论的农村基础设施项目分类融资①

根据项目区分理论，结合农村基础设施经济特性而划分的种类，可以将农村基础设施项目区分为非经营性项目、准经营性项目和纯经营性项目。不同类型的农村基础设施项目，其公共性和经营性有显著的区别，据此确定其经营权和所有权的分配，进而在引入PPP模式时采取不同的管理模式。

1. 非经营性农村基础设施项目融资

（1）项目融资特点分析

非经营性农村基础设施项目主要包括农田水利设施、农村信息基础设施、防汛抗旱设施等，其融资特点主要有以下3个方面。

① 项目规模中上，资金规模较大。一般个人和企业很难单独承受，需要政府拨款、银团贷款等。

② 投资的成本回收性较小。由于该类项目接近纯公共产品，如农田水利设施基本上不能向其使用者收取费用，所以融资成本较难收回。

③ 运营维护成本较高。这些设施不仅仅是投资建设问题，更为重要的是日常运营维护工作，比如农村公路路面的修缮、农田水利设施的维护、义务教育所需师资管理队伍的提供等。

（2）项目融资中的投资主体、责任及资金来源分析

该类项目大部分是由政府直接投资建设的，包括中央直接投资建设与地方政府直接投资建设两种情况。

中央直接投资建设一般是通过财政建立专项资金、发行基础设施建设国债和利用转移支付的方法来支持农村基础设施建设，一般的程序为政策规划、拨款修

① 惠恩才，赵军蕊，2014. 我国农村基础设施建设项目融资模式研究［J］. 长春大学学报，(5)：585－591.

建、运营维护。中央直接投资建设的项目包括关系到农村整体发展的大型基础设施，如大型水利建设、农业科技研发项目、省际相连的农村公路，以及省内的一些大型农场基础设施建设，当投资数额巨大，省内财政支出困难时，中央财政也可提供支持。

地方政府直接投资建设时，一般来说，地方性的大型基础设施项目可由省级政府主要投资建设，地方区域性强的项目可由省级政府发起，县市地方政府主要承担建设。从美国的经验来看，其各级政府在农村基础设施建设方面职责分工明确，所以能够拥有完备的农村基础设施。政府直接投资农村基础设施成功的关键是将基础设施进行科学分类，之后才能充分发挥其应有的作用，从而实现效用最大化。

（3）PPP 管理模式分析

由于该类项目有着极强的公益性质，缺乏“使用者付费”的基础，难以产生经济效益，但社会效益明显，作为提供公共服务的政府部门，理应成为承担其建设任务的主体。但限于政府财力不足和农村快速发展对资金大量需求的现实，根据不同项目内容，政府可以提供积极的鼓励和优惠政策，激励私人部门从社会责任角度参与建设，并尽可能在社会影响方面对私人部门产生积极的作用。在具体管理模式上，可以采用模块化外包中的管理外包与服务外包的形式，或者委托私人部门进行经营维护（O&M），政府公共部门支付一定费用，以充分发挥私人部门的管理优势和竞争活力。

2. 准经营性农村基础设施项目融资

（1）项目融资特点分析

准经营性农村基础设施项目主要包括农村电网、饮水设施、沼气池设施等，其融资特点主要有 4 个方面：①建设期投资较大，一旦建成后边际成本较小；②投资成本具有一定的可回收性，项目可向设施使用者收取一定的费用来收回部分成本；③投资风险较小，基础设施的使用者固定，市场效应可预期，政府在政策上也有相应的扶持与资助；④运行成本相对较低，如电力设施、通信设施的维护成本较低，并能通过向用户收费予以一定程度上的弥补。

（2）项目融资主体、责任及资金来源分析

准经营性农村基础设施项目按照是否具有垄断性质分为两种情况。

一种情况是农村基础设施项目具有垄断性质，诸如农村电网设施这类项目的融资主体已固定，均由相关国有企业来提供，农村的电网建设与维护以按片区划分的国家电网或南方电网为融资主体。这些公司资金实力雄厚、融资迅速，能够加快农村基础设施建设速度，具有相当大的优势。这些融资主体的责任同样是进行可行性分析、筹集资金、建设项目、运行和管理项目，其中在项目的可行性分析当中，财务分析占主要部分。

另一种情况是不具备垄断性质的准经营性农村基础设施，诸如小型水利设施、电力设施、饮水工程等，这些项目是通过经营收费来回收成本和获得相应的经济效益，因此可在相应的政策下吸引私人部门投资建设，其融资主体为私营企业、乡镇企业或以村为单位的集体企业。融资主体的主要责任包括：①研究有关政策，对项目进行综合的可行性分析；②与政府协商并签订相关协议，取得相关授权或经营权；③与产品购买者、设施使用者及施工单位签订承包合同；④确定融资模式，与银行签订贷款协议或相关股权协议；⑤负责项目的建设施工和经营管理。

不论是垄断性质的项目，还是非垄断性质的项目，准经营性农村基础设施项目的主要资金来源均为企业的自有资金和银行的信贷资金。

（3）PPP 管理模式分析

准经营性农村基础设施项目一般具有一定的公益性，社会效益突出，外部效应明显，所需资金量大，沉没成本高，投资收益稳定，并具有一定程度的营利性，但经营收费不足以覆盖投资成本，需政府补贴部分资金或提供资源。这类基础设施项目直接关系到农民生产生活的切身利益，且社会效益明显，作为提供公共服务职能的政府而言，需要承担起公益性投入的责任，因而其所有权归政府所有。同时这类基础设施的受益主体较为明确，也都具有一定的营利性，因而可以通过市场化运作吸引社会资本投入，并将特许经营权授予私人部门，使其在一定的经营年限内获得合理的投资回报。该类项目可以采用 TOT 或 BOT 管理模式。尽管这类基础设施均具有一定的可市场化程度，但各自的社会外部效应差异明显，经济效用分割性迥然不同，因而在公私合作具体模式上应该有不同的制度安排。

3. 纯经营性农村基础设施项目融资

（1）项目融资特点分析

纯经营性基础设施项目接近于私人产品，主要包括中小型农机设备、农产品批发市场、水力发电及水上旅游等。其融资特点主要有 3 方面：①融资规模较小，这种经营性项目区域性较强，受益范围固定，所以规模相对较小；②建设周期较短，由于规模小，从决策到执行都很快，建设也快；③融资风险较小，由于规模小、建设周期短，不确定性因素少，且该类农村基础设施大多是生活类基础设施，受益人群固定，有较为稳定的市场，因此在一般情况下这类基础设施项目融资风险较小。

（2）项目融资主体、责任及资金来源

具有私人产品性质的中小型节水设备、农业机械及农民自用的生产和生活设施，围绕“谁投资、谁受益、谁管理”的基本原则，其融资主体一般是为其投资并受益的村民。这类设施投资规模小，其融资主体担负的责任也相对简单，可以自主进行投资决策、资金的筹集、建设与运行。资金的来源为自筹资金和相应的政府补贴。

根据经营性农村基础设施项目融资特点，可直接调动民间资本参与，交由市场调节其供给。由于我国市场体制的不断深化改革，能够有效地发挥资源配置作用，这样不仅能够提高这类农村基础设施的建设、运营、管理的效率，而且“国进民退”也符合政府“守夜人”的角色，其需要做的就是加强政策性的引导，完善国家的投融资体制，拓宽这部分基础设施建设的融资渠道。

（3）PPP 管理模式分析

纯经营性基础设施项目运营时会有一定的收益，且受益主体十分明确，一般情况下经营收费可以覆盖投资成本，项目有较强的市场竞争性，市场化程度较高。据此可将其所有权和经营权进行分离，将经营权完全交给市场，通过市场来优化资源配置，可以采用 PUO 或 BOO 管理模式。私人部门通过明确的收费机制，或是经营产生的收益，收回投资成本并获取利润。政府公共部门通过提供政策法规和管理机制，负责规划、组织、管理、监督和协调，以确保该市场健康有序地运行。当然，这些纯经营性项目在发挥其经济效益的同时，鉴于其仍然具有公益性，因而在项目建设和运营中也要始终注意其公共安全性和环境保护问题，注重促进社会福利的增长。

农村基础设施分类融资特点的比较与分析如图 3－16 所示。农村基础设施项目分类融资主体、责任及资金来源分析见表 3.4。

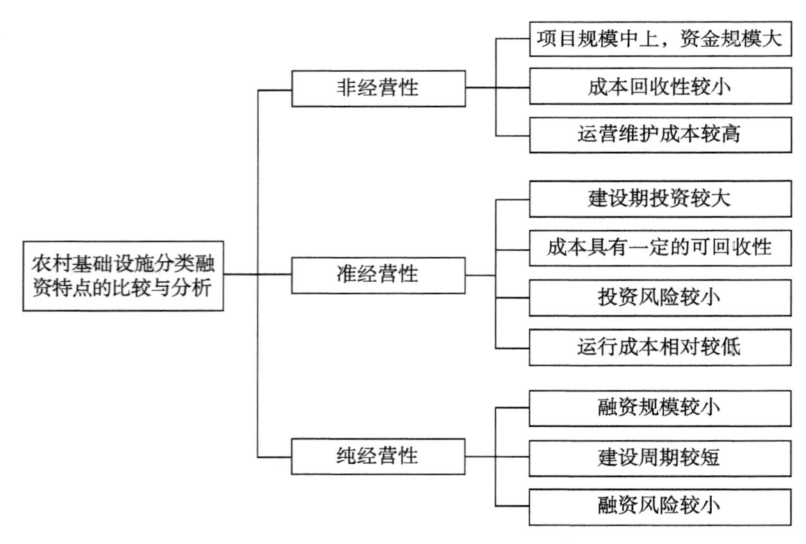

图 3－16　农村基础设施项目分类融资特点的比较与分析

表 3.4　农村基础设施项目分类融资主体、责任及资金来源分析

<table>
<tr><th colspan="2">类　别</th><th>主　体</th><th>主要责任</th><th>资金来源</th></tr>
<tr><td colspan="2">非经营性</td><td>政　府</td><td>政策规划、拨款修建、运营维护</td><td>通过财政建立专项资金、发行基础设施建设国债和利用转移支付</td></tr>
<tr><td rowspan="2">准经营性</td><td>具有垄断性质</td><td>国有相关企业</td><td>可行性分析，筹集资金，建设、运行和管理项目</td><td rowspan="2">企业自有资金和银行信贷资金</td></tr>
<tr><td>不具有垄断性质</td><td>私营企业、乡镇企业或以村为单位的集体企业</td><td>综合可行性分析；取得相关授权或经营权；签订承包合同；确定融资模式；负责建设施工和经营管理</td></tr>
<tr><td colspan="2">纯经营性</td><td>投资并受益的村民</td><td>进行投资决策、资金的筹集、建设与运行</td><td>自筹资金和政府补贴</td></tr>
</table>

3.3　农村基础设施投资建设存在的主要问题

长期以来，“重工轻农”“重商轻农”的发展现状、农业和农村的资源配置和其在国民收入分配中所处的不利地位，致使农村基础设施投入总量不足、结构不合理、投资效率低下，严重滞后于整个农村经济发展的需求，成为制约社会主义新农村建设目标实现的瓶颈。具体问题主要体现在以下 3 方面。

3.3.1　投资主体不全

我国农村基础设施投资的投资主体包括政府、农村金融、农村集体、民间资本及农民等。虽然看似主体很多，但在现实中由于种种原因造成我国农村基础设施投资主体缺位。

1. 政府

改革开放以前，我国实行的是完全的计划经济体制，政府是我国农村基础设施投资建设的唯一主体。随着市场经济的发展和投融资模式的多样化，政府虽然不再是唯一主体，但仍然在农村基础设施融资模式中占有主导地位。然而在公共财政支持力度和地区差异问题上，这种融资模式仍然存在不足。长期以来，我国的公共财政支出主要用于城镇的重大建设项目，农村基础设施建设资金投入严重不足。

需要说明的是，通过相关文献研究，我们发现地方政府热衷于基础设施（尤其是城市）投资，在公共产品及服务供给结构方面存在"政府偏好"，也就是说"硬"公共产品投入力度明显大于"软"公共产品。在本书中我们认为，地方政府偏好于基础设施投资是由于财政分权体制下，地方政府具有管理型、发展型双重身份的结果。地方政府在财政利益和政治晋升（尤其是后者）的双重激励下，有大力发展基础设施的动力。这是因为在财政分权体制下，地方经济发展的可度量的标尺成为中央政治治理的重要信息。地方政府大力发展基础设施可以招商引资，吸引外资企业等来本地发展，从而实现经济快速增长，而显著改善的基础设施是最容易衡量地方官员政绩的标尺。图3－17所示为地方政府偏好基础设施投资的原因分析。

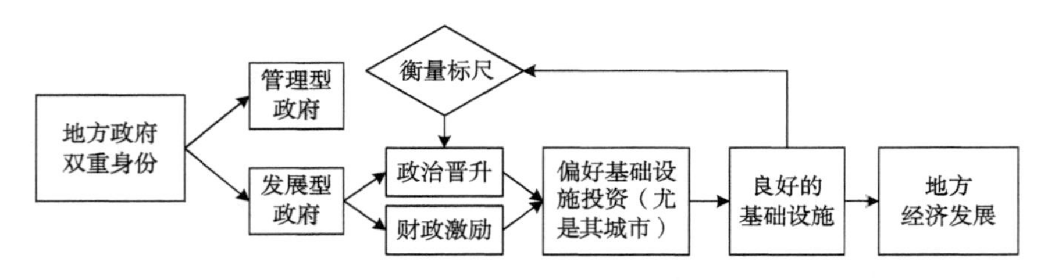

图3－17　地方政府偏好基础设施投资的原因分析

对具有公共产品特性的农村基础设施来说，为了弥补"市场失灵"，其投资主体应该是各级政府。同时农业作为一个天然的弱质产业，以及农业的多功能性，也要求政府在农村基础设施投资方面发挥重大作用。特别是一些主要的、大型的、跨区域的农村基础设施，理应由中央和地方投资。但由于中央、地方财力有限及资源配置的非农偏好，导致农村基础设施投资数量偏少且长期不能到位。

2. 农村金融

在农村基础设施的投融资来源中，金融支持也是一个不容忽视的方面。农村金融体系由大型的农业银行、农业发展银行、邮政储蓄银行，中型的农村信用社，小型的村镇银行、小额贷款公司等组成。现阶段农业信贷业务主要由农业银行、农业发展银行和农村信用社承担。

1979 年 8 月，我国基本建设投资逐步试点由财政拨款改为建设银行贷款，自此部分财政无偿拨款的融资形式逐渐转变成银行的有偿贷款，银行业金融机构借款也逐步成为我国农村基础设施重要的融资方式之一。根据中国银行业协会正式发布的《2017 年度中国银行业服务报告》，2017 年银行业围绕“三去一降一补”五大任务，不断创新产品功能，截至 2017 年年末，银行业金融机构涉农贷款达 30.95 万亿元，远远超过前述财政无偿拨款形式的融资规模。由于农业基础设施的建设周期和回收周期较长，收费较低甚至是无偿服务。在城市，发展良好的商业性银行出于自身稳健经营和利润最大化的要求，普遍存在“惜贷”或“慎贷”现象，直接导致其各种金融服务业务始终无法深入农村，政策性银行的支持也不明显，原本以农村业务为主的农业银行、农村信用社也在逐步的改革中收缩农村战线。以中国农业银行为例，虽然该行发放农村基础设施建设贷款，但仅用于中央和省级财政主导投资建设的农村基础设施建设项目（财政承诺全额偿还本息的贷款），无法满足更多的农村基础设施建设项目的需求。此外，农村信用社出现“嫌贫爱富，离乡进城”现象。邮政储蓄银行在趋利动机的驱使下，把资金更多地投向获利机会较大的非农领域，在农村地区基本不放贷款，形成了农村资金的“抽水机”现象。总的来说，农村金融供给与“三农”金融需求不完全匹配，无法为农村基础设施提供长期、稳定、大量的资金。

3. 农村集体

农村税费改革前，农村基础设施建设的自筹资金主要来源于乡镇预算外收入；税费改革取消了乡镇预算外收入，削弱了乡镇在提供农村基础设施建设资金方面的作用。目前，一些乡村推行“一事一议”制度筹资建设农村基础设施，体现了在坚持群众自愿、民主决策的前提下，通过以奖代补、项目补助等方式发挥政府的主导作用，引导农民对直接受益的基础设施建设投工投劳。根据有关规定，“一事一议”仅限于村级，必须是由村里兴办的农田水利设施、人畜饮水设施、村庄道路建设、植树造林工程等全体村民直接或间接受益的公共性设施项目。由于农民人均收入水平低，在其投资能力十分有限的情况下，要求村民自筹资金或举债进行农业基础设施建设的议案难以被认可，即使有些村社开展议事，也大多是“议而不定”或“定而不行”，造成急需改建的基础设施无法新建，过去利用主渠道“两工”（义务工、积累工）兴建的农村基础设施被严重毁坏后，又无力修复和管理。

现实中，村委会筹集资金的主要途径：一是土地承包，二是向农民摊派，三是要求村办企业提供。《中华人民共和国农村土地承包法》实施后，村委会依法预留的机动土地越来越少，土地承包不再是村委会组织收入的重要来源。同时向农民摊派和要求村办企业提供，不仅增加了农民和村办企业的负担，更为重要的是，随着近些年来农民收入增长缓慢和村办企业的不景气，村委会根本无力承担农村基础设施投资的重任，最终只能导致投资不足，影响农村经济的可持续发展。

4. 民间投资

民间资本(本书所指民间资本，是指除政府资本以外的所有国内资本，不包括国外资本，特此说明)以利润最大化为经营目标。它包括私人资本和国有民间资本两部分，其进入农村基础设施建设的资金经营的主要目标是追求最高投资回报率，实现资金的最大增值。尽管其价值目标应与社会效益、生态效益协调，但最终都要归结到投资回报率上来。当前也有一定数量的民间资本投向农村公共基础设施，尤其是盈利性的基础设施，但所占比重还很小。这主要是由于农村基础设施具有投资风险大、回报率低的特点，在缺乏成熟的项目法人运行机制的情况下，资本的趋利性决定了民间资本不愿意将资金投向盈利少、风险性大的农村基础设施。

具体来看，在证券市场上，通过股票、债券等有价证券融通资金，能够更广泛地、最大限度地吸引民间资本和外资。1985 年《中共中央、国务院关于进一步活跃农村经济的十项政策》中提到，省、自治区、直辖市政府，可以在国家批准的数额内，根据交通建设计划，量力发行部分公路、航道债券。此后，证券市场融资也逐步成为我国农村基础设施建设资金的重要来源之一。然而，在农村基础设施建设方面，由于缺少符合证券发行条件的投融资主体，基本上由政府和金融机构通过证券市场融通资金后，再以财政拨款或银行业金融机构贷款投资到农村基础设施建设。根据中国人民银行发布的《2016 年金融市场运行情况》显示，2016 年，国债发行 2.9 万亿元，地方政府债券发行 6 万亿元，国家开发银行、中国进出口银行和中国农业发展银行发行债券 3.4 万亿元，政府支持机构发行债券 2250 亿元，商业银行等金融机构发行金融债券 1.3 万亿元，信贷资产支持证券发行 3838.1 亿元，同业存单发行 13 万亿元，公司信用类债券发行 8.2 万亿元。从资料中可以看出，目前市场上的债券种类主要是政府债券、银行业金融机构债券和公司债券。政府债券和银行业金融机构债券发行筹集的资金，最终构成了政府无偿财政拨款和银行业金融机构贷款的融资形式。而公司信用债券的发行只能是符合债券发行条件的股份有限公司和有限责任公司。农村基础设施建设缺乏除政府和金融机构以外的市场化主体，一方面使得农村基础设施建设难以筹集到政府和金融机构以外的社会资本；另一方面，也使得农村基础设施的投融资过程缺乏市场的监督和激励，导致投融资绩效不佳。

5. 农民自筹

长期以来，农民筹资、“以工代资”是农民参与农村基础设施建设的主要形式，为我国农村基础设施建设发挥了巨大作用。近年来，由于以下原因的存在，农民自筹资金效果甚微。

① 农民增收缓慢，闲置资金较少，收入主要用于个人日常消费或购置家庭固定资产，整体上缺乏投资能力。

② 农村进行税费改革，农村“两工”取消后，很多急需修建的基础设施无法新建；过去利用主渠道“两工”兴建的农村基础设施严重毁坏后又无力修复和管理。

③ 在农民整体收入不高的状况下，有一部分先富裕起来的农民具有投资实力，但由于国家缺乏明确的鼓励农村基础设施投资的政策或法律，造成农村基础设施的产权不明晰，难以保证按“谁投资、谁受益”的原则来运作，进而影响了这部分农民投资的积极性。

此外，投资水利、生态能源、教育文体、村屯绿化、医疗卫生、广播电视电信等项目，也都要农民按一定比例自筹资金解决，农民自筹资金负担重。

3.3.2 投入总量不足

投资主体缺位直接导致政府层面的投入总量不足，这是一个问题的两个方面。具体来看，“重工轻农”和“重城轻乡”的宏观发展战略，是农村基础设施投资环节弱化的根本原因。众所周知，我国的工业化、城市化经历了一个十分复杂而又特殊的过程。新中国成立后很长一段时期，我们实行的是以牺牲农业来发展工业的经济发展战略。在基础设施的建设上，长期以来在财政和国债投资中对城市投入较多而对农村投入较少，使得城、乡基础设施建设差距越来越大，从而造成农村基础设施建设所需资金严重匮乏。

农村基础设施大多属于公共产品，这决定了政府的基本投资主体地位。但据资料显示，改革开放以来，国家财政对农业基建投资数额始终偏低，尤其是20世纪90年代中期以来，财政农业基本建设支出占财政农业支出的比重一般维持在20%～30%。随着2004年《中共中央国务院关于促进农民增加收入若干政策的意见》、2005年《中共中央国务院关于进一步加强农村工作提高农业综合生产能力若干政策的意见》、2006年《中共中央国务院关于推进社会主义新农村建设的若干意见》，2007年《中共中央国务院关于积极发展现代农业扎实推进社会主义新农村建设的若干意见》、2008年《中共中央国务院关于切实加强农业基础建设进一步促进农业发展农民增收的若干意见》等文件的连续发布，公共财政对农村基础设施建设的支持力度得到了一定程度的提高。根据国家统计局、财政部公布的有关资料显示，2016年我国农林水事务支出为18587.36亿元，占国内生产总值的比重从2007年的1.26%逐步增加到2016年的2.50%；其中农林水事务支出占第一产业国内生产总值的比重从2007年的12.25%增加到2016年的29.19%。然而，从国外的总体情况来看，发达国家对农业的支持总量占当年农业总产值的比重达到30%～50%，而且很大程度都用于农村的基础设施建设。相对于国外发展经验而言，我国财政支出对农村基础设施建设的投资总额仍显不足，公共财政支持力度仍有待增加。

从表3.5和图3－18可以看出：一方面，2007—2016年近10年来农林水事务支出绝对数量呈增长趋势，但增长速度呈下降趋势；另一方面，中央占比呈现下降趋势。从表3.6和图3－19可以看出，农林水事务支出占财政支出的比重一般在6%~9%之间。虽然从绝对数上看，国家财政农林水事务支出总额有所增长，但分析相对数，其所占比重还是相当低的。

表3.5 2007—2016年农林水事务支出情况

年 份	一般公共预算支出（亿元）	增长率（%）	中 央（亿元）	地 方（亿元）	中央占比（%）
2007年	3404.70	—	313.70	3091.00	9.21
2008年	4544.01	25.07	308.38	4235.63	6.79
2009年	6720.41	32.38	318.70	6401.71	4.74
2010年	8129.58	17.33	387.89	7741.69	4.77
2011年	9937.55	18.19	416.56	9520.99	4.19
2012年	11973.88	17.01	502.49	11471.39	4.20
2013年	13349.55	10.30	526.91	12822.64	3.95
2014年	14173.83	5.82	539.67	13634.16	3.81
2015年	17380.49	18.45	738.78	16641.71	4.25
2016年	18587.36	6.49	779.07	17808.29	4.19

数据来源：历年《中国统计年鉴》。

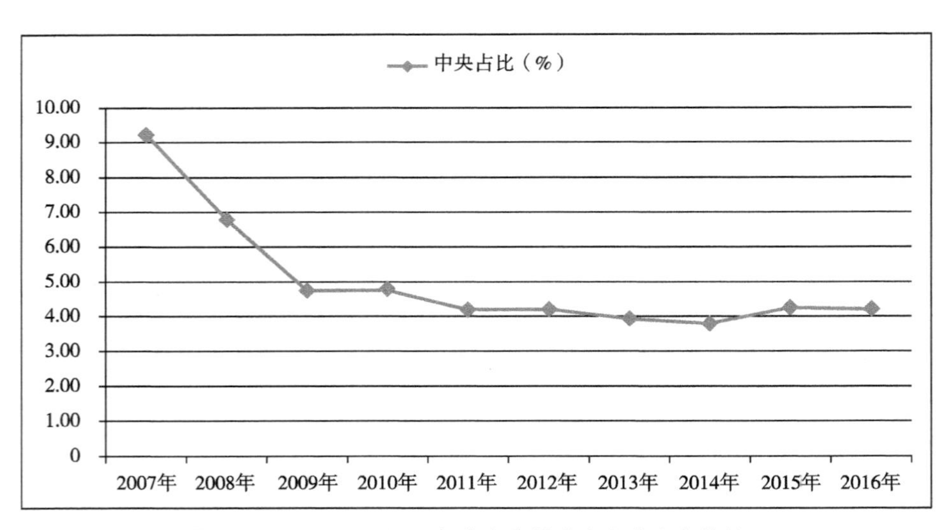

图3-18 2007—2016年中央农林水事务支出变化情况

表 3.6　2007—2016 年农林水事务支出占国家财政支出比重

年　份	国家财政支出总额（亿元）	农林水事务支出总额（亿元）	财政支农所占比重（%）
2007 年	49781.35	3404.70	6.84
2008 年	62592.66	4544.01	7.26
2009 年	76299.93	6720.41	8.81
2010 年	89874.16	8129.58	9.05
2011 年	109247.79	9937.55	9.10
2012 年	125952.97	11973.88	9.51
2013 年	140212.10	13349.55	9.52
2014 年	151785.56	14173.83	9.34
2015 年	175877.77	17380.49	9.88
2016 年	187755.21	18587.36	9.90

数据来源：历年《中国统计年鉴》。

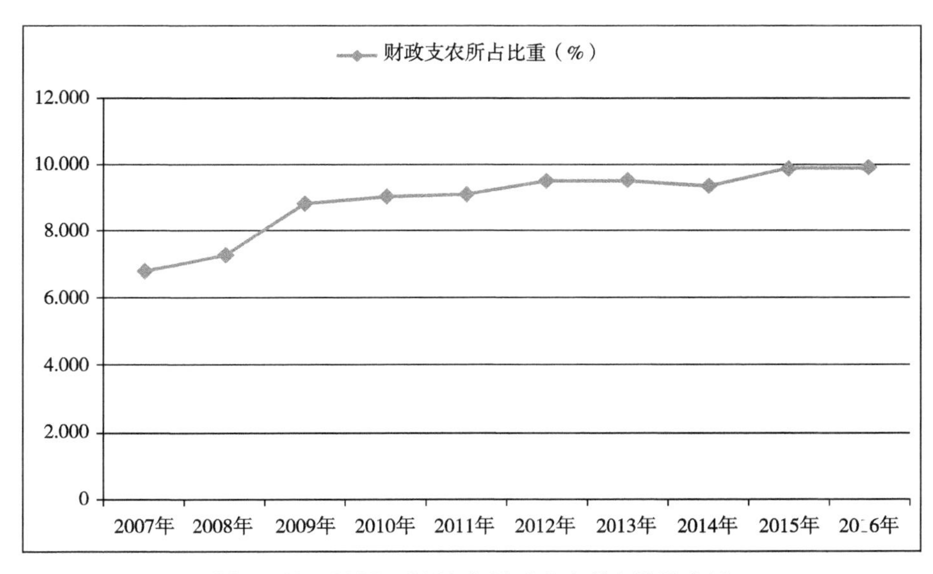

图 3－19　2007—2016 年财政支农所占比重分析

3.3.3 供给机制不强

由于路径依赖和制度惯性，农村公共产品的供给是“自上而下”的，其数量、内容和结构主要依靠基层组织或上级部门的决策，偏离了农民的需求。

1. 信息的不对称限制了农民对公共产品的选择权

在农村公共产品供给上，由于缺少规范的意见采集和表达机制，农民的意见很少受到重视。信息的不对称也使农民对政府提供的公共产品相关信息缺乏了解，极大地制约了农民的决策行为。信息的不对称一方面是政府对农民意见不重视造成的，另一方面是政府的信息公开和宣传不到位造成的，很多听证会也只是流于形式，很难起到应有的效果。

2. 有限理性和“搭便车”心理影响了农民需求偏好的真实表达

一方面，由于部分农民整体素质偏低，行为具有一定的短视性，真实意愿与现实情况存在偏差。按照目前我国农村的情况来看，农民因收入水平较低、思想观念陈旧及短视特点等，导致他们在公共产品需求表达时的不自知。另一方面，由于相关部门提供的公共产品具有消费的非排他性或排他成本很高，所以，在通过给予一定的价值（税收）购置某样公共产品时，有限理性的农民消费者很可能会低估自身的真实偏好，以期望免费“搭便车”。如此，农民在面对公共产品的需求测试时意思表达不真实，相关部门就很难得出确切答案，从而无法进行有效的公共产品供给。

3. 强有力的表达主体的缺失

尽管农村建立了相对完善的“一事一议”制度，但农村公共产品供给的主体依然是乡镇政府，其形式和内容还是由政府决策，他们很少会采纳村委会和农民的意见，即使农民意见被采纳，在决策执行过程中也容易被忽略。在“政府主导型”决策体制下，基层政府在决策时往往遵循上级政府的指示、命令，然而上级政府的指示不能因地制宜地分析问题，所以很难考虑到当地农民的实际需求。在供求双方的博弈中，农民处于弱势地位。此外，以往农村个体精英也能帮助农民在公共产品供给时争取到合理的权益。而在当前现实背景下，农村呈现出农村精英流失和农民组织化程度较低的状态，农民不能有效地表达偏好。

图3－20所示为现阶段我国农村基础设施投资建设存在的主要问题及分析。

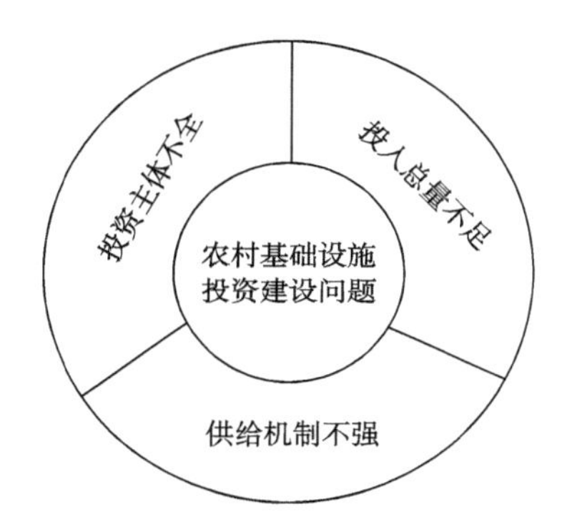

图3－20 农村基础设施投资建设存在的主要问题及分析

本章小结

本章主要进行了农村基础设施投融资理论分析工作，具体包括3部分内容：首先，汇总整理了公共产品理论、公共财政理论、项目区分理论和项目融资理论4大理论，重点阐释了公共产品理论和项目区分理论，主要侧重于农村基础设施投融资的理论分析；进而阐述了农村基础设施、农村基础设施投融资及农村基础设施投融资模式的概念、分类、特点和构成要素等，界定出农村基础设施的内涵及外延，全面分析了非经营性、准经营性和纯经营性3类农村基础设施项目融资的特点、主体、责任及其资金来源等内容；最后，系统剖析了农村基础设施投资建设中存在的主要问题，主要从其投资主体不全、投入总量不足和供给机制不强这3个层面进行了详细的阐述。

第四章

农村基础设施投资资本存量测度

作为乡村振兴的“先行资本”，农村基础设施是“农业强、农村美、农民富”全面实现的物质保障和先决因素。鉴于此，本章系统研究了永续盘存法(PIM)的理论基础，对各类农村基础设施资本投入的计量进行了细致的阐述。同时，运用Eviews 8.0统计分析软件构建了固定效应模型，科学测算了各类农村基础设施在提高农民收入方面的贡献度。

4.1 永续盘存法理论基础[①]

由于基础设施资本的不可分性，使得将基础设施资本存量纳入生产函数比将基础设施资本流量纳入生产函数更为合理。世界上包括经济合作及发展组织（Organization for Economic Co-operation and Development，OECD）在内的大多数国家和地区采用永续盘存法(Perpetual Inventory Method，PIM)进行资本存量核算。该方法的实质是将不同时期的资本流量逐年度调整、折算，以累加成意义一致的资本存量。它是由戈登·史密斯于1951年开创，随后被库兹涅茨（Kuznets）、丹尼森（Denison）等广泛应用在经济增长核算中。乔根森在其早期对新古典投资理论研究的基础上，结合现代微观经济学中的对偶理论方法，将投资品价格和资本服务租赁价格概念引入PIM，对生产的耐用品模型进行了系统的研究。克里斯滕森、柯明斯和乔根森对扩展后的方法进行了检验和完善，使其占据了资本核算的主流地位。资本存量核算数据是宏观经济运行政策研究的重要因素。资本存量核算的复杂性在

① 由于篇幅所限，永续盘存法理论具体介绍详见本书作者的《农村基础设施投资效率研究》。

于数据概念内涵和外延的理论界定、由时间因素决定的折旧与价值重估及价格变动因素的影响等。该方法的理论基础是生产的耐用品模型。

生产的耐用品模型的具体思想是，设役龄为τ，每一期末的资本存量$K(t)$可以表示为过去投资与不同役龄的资本品的相对效率序列$\{d(\tau)\}$的加权和，权数为各自的相对效率，即

$$K(t)=\sum_{\tau=0}^{\infty} d(\tau) I(t-\tau) \tag{1}$$

在该模型(1)中，资本品相对效率依赖于产品的役龄，一般而言，可假定相对效率随役龄而递减(非增的)，重置需求由现有资本品的效率损失量及资本品的实际物理退役来确定。每一个资本品最终都要退役或报废，当资本品退役或报废时，它的相对效率即为零。对于每一种资产，役龄为τ的资本品相对于新资本品的效率为$d(\tau)$，而新资本品的相对效率等于1，即$d(0)=1$，上述思想可描述如下。

$$\begin{aligned} &d(\tau)-d(\tau-1)\leqslant 0(\tau=1,2,\cdots)\\ &\lim_{\tau\to\infty} d(\tau)=0 \end{aligned} \tag{2}$$

非负序列$\{d(\tau)\}$描述了不同役龄的资本品的相对效率状况。

由于资本品的效率随每一时点的推进而下降，要使原有的资本品保持效率，就必须重置生产能力，一项投资在役龄为τ时要重置的比例$m(\tau)$等于从役龄$\tau-1$到役龄τ之间效率的减少量，这些比例称为不同役龄资本品的死亡率。

$$m(\tau)=d(\tau-1)-d(\tau)=-[d(\tau)-d(\tau-1)](\tau=1,2,\cdots,L) \tag{3}$$

由于资本品的相对效率是非增的，则$m(\tau)\geqslant 0(\tau=1,2,\cdots)$。且所有役龄的死亡率之和等于1，即

$$\sum_{\tau=1}^{\infty} m(\tau)=-\sum_{\tau=1}^{\infty}[d(\tau)-d(\tau-1)]=d(0)=1 \tag{4}$$

在模型(4)中，比较重要的项目是重置率与重置需求的界定。

重置率$\delta(\tau)$是初始投资购置后第τ期需要重置的比例，可以利用更新方程从死亡率序列递归计算出来。

$$\delta(\tau)=m(1)\delta(\tau-1)+m(2)\delta(\tau-2)+\cdots+m(\tau)\delta(0)\quad(\tau=1,2,\cdots) \tag{5}$$

重置需求 $R(t)$ 的定义是为保持资本存量生产能力不变所需要的投资水平，可用过去的投资和死亡率分布来表示重置需求。

$$R(t) = \sum_{\tau=1}^{\infty} m(\tau) I(t-\tau) \tag{6}$$

重置需求也可以用在购置时间之后τ时期要重置的初始投资比例表示，这个比例包括初始资本存量的效率下降产生的重置需求，以及每一次后继重置的所有重置，称为不同役龄资本品的重置率$\delta(\tau)$。利用重置分布，可以用过去资本存量的变化来表示重置需求 $R(t)$。

$$R(t) = \sum_{\tau=1}^{\infty} \delta(\tau)[K(t-\tau) - K(t-\tau-1)] \tag{7}$$

为了与永续盘存法的内在含义相一致，根据生产的耐用品模型理论思想，本研究假定资本品的相对效率按照几何方式递减，采用余额折旧法测算资本存量，即

$$K(t) = I(t) + (1-\delta)K(t-1) \tag{8}$$

根据式(8)，采用永续盘存法估计各地区农村基础设施资本存量需按以下步骤进行：①选择或计算一个经济折旧率δ；②确定一个基年资本存量 I_0；③对现行价格下的投资数列进行缩减，以得到一个实际投资序列 $I(t)$；④采用式(8)计算出资本存量序列 $K(t)$。

4.2　历年各省、市、自治区农村基础设施投资额基础数据汇总

本章选取全国28个省、市、自治区[①]，并将其划分为东部、中部和西部3个地区进行分析。具体划分情况如下。

① 由于西藏自治区、黑龙江省和宁夏回族自治区数据缺失较为严重，故将其剔除，最终选择全国28个省、市、自治区2003—2010年的数据作为分析样本。

东部地区，包括北京市、天津市、辽宁省、上海市、江苏省、浙江省、福建省、山东省、广东省、海南省这10个省、市。

中部地区，包括河北省、山西省、内蒙古自治区、吉林省、安徽省、江西省、河南省、湖北省、湖南省这9个省、自治区。

西部地区，包括广西壮族自治区、重庆市、四川省、贵州省、云南省、陕西省、甘肃省、青海省、新疆维吾尔自治区这9个省、市、自治区。

（注：由于本书涉及的省、市、自治区名称较多，后文均采用简称，例如：北京市简称为“北京”，河北省简称为“河北”，内蒙古自治区简称为“内蒙古”）。

4.2.1 2003年各省、市、自治区农村基础设施投资额

2003年各省、市、自治区农村基础设施投资额见表4.1。

表4.1 2003年各省、市、自治区农村基础设施投资额

单位：亿元

地区	类别					
	电力、燃气及水的生产和供应	交通运输、仓储和邮政	信息传输、计算机服务和软件	水利、环境和公共设施管理	教育	卫生、社会保障和社会福利
北　京	1.1	5.6	0.5	10	2.9	0.8
天　津	0.1	4.1	0	0.4	0.9	0.2
河　北	12.5	51.3	4.5	7.8	16.4	4
山　西	0.2	15.1	0.9	0	6.4	0.3
内蒙古	0.1	2.7	0	1.5	0.4	0.2
辽　宁	2.1	17.5	0	3.5	4.2	0.5
吉　林	0.1	11.2	0	1.3	2.2	0.6

续表

地区	类别					
	电力、燃气及水的生产和供应	交通运输、仓储和邮政	信息传输、计算机服务和软件	水利、环境和公共设施管理	教育	卫生、社会保障和社会福利
上　海	1.5	6.6	0.1	1.6	3.1	0.6
江　苏	4.9	52.2	0	4.9	13.7	2.6
浙　江	22	51.4	0	37.4	13.6	5.6
安　徽	1.8	20.8	0.1	2.4	10.1	1.1
福　建	17.3	36.1	2	7.5	7.8	1.2
江　西	16.7	20.8	0.1	0.6	6.4	0.7
山　东	11.4	65.2	0.7	22.3	23	2
河　南	3.9	72.3	1.7	3.2	17.9	4.7
湖　北	1.7	6.2	0.2	0.8	0.3	0.3
湖　南	13.3	27	0.6	14.7	7.6	1
广　东	13.4	25	1.1	0.4	11.6	3.6
广　西	1.6	8.7	0	1.2	6.9	0.9
海　南	0.5	4.4	0.1	3	0.4	0.1
重　庆	4.5	3.7	0.4	0.3	4.6	0.7
四　川	17.3	64.1	0.2	5.4	11.6	3.5
贵　州	0.9	4.5	0	0.6	2.2	0.6
云　南	4.2	12.9	0	5.6	4.5	1.1
陕　西	1	10.7	1	2.3	8.2	1.1
甘　肃	2.6	3.3	0.5	1.4	5.7	7.3
青　海	0.3	1.6	0	1.4	0.7	0.1
新　疆	1.3	6.1	0.2	2.2	2.4	2.4

4.2.2 2004年各省、市、自治区农村基础设施投资额

2004年各省、市、自治区农村基础设施投资额见表4.2。

表4.2 2004年各省、市、自治区农村基础设施投资额

单位：亿元

地区	类别					
	电力、燃气及水的生产和供应	交通运输、仓储和邮政	信息传输、计算机服务和软件	水利、环境和公共设施管理	教育	卫生、社会保障和社会福利
北　京	1.9	5.3	0.6	13	7.6	0.9
天　津	0.1	3.5	0	1.2	1	0.3
河　北	11	53.8	2.9	12.2	21.2	8
山　西	1.1	21.3	0.1	1.1	5.7	0.5
内蒙古	0.3	3	0	0.2	1.2	0.1
辽　宁	1.4	18.3	0.2	2.9	7.2	0.6
吉　林	0.2	5	0.1	0.2	2.4	0.1
上　海	5.1	5.9	0.1	1.4	2.7	0.5
江　苏	50.4	19.9	0.1	16.2	1.8	2.4
浙　江	96	58.1	0.9	44.7	22.3	21.3
安　徽	1.2	32.3	0.2	3.4	8.6	1.1
福　建	25	27.7	1.4	8.7	7.2	1.9
江　西	10.4	53.7	0	0.3	3.6	0.5
山　东	14.5	56.5	0.5	25.7	21.6	3.7
河　南	2.4	52.5	1.2	4.2	20.2	4.4
湖　北	1.5	7.2	0.9	1.5	0.3	0.3
湖　南	11.1	18.9	3.3	2.7	8.3	2.9
广　东	7.5	2.7	1.3	5.5	21	10.4
广　西	1.6	10	0	1	3.5	0.8

续表

地区	类　别					
	电力、燃气及水的生产和供应	交通运输、仓储和邮政	信息传输、计算机服务和软件	水利、环境和公共设施管理	教育	卫生、社会保障和社会福利
海　南	0.1	0.8	0.1	2.9	0.4	1
重　庆	4.5	2.2	0.4	1	3.8	0.9
四　川	15.7	35.9	2.9	6.8	23.1	2.9
贵　州	0.6	11.3	0	0.6	2.2	1
云　南	2.1	6.8	0	2.7	5.8	0.5
陕　西	2	16.5	1.7	0.7	5.5	1.4
甘　肃	0.9	7.2	0.3	2.2	9.5	0.4
青　海	0	3.1	0	1.1	0.6	0.1
新　疆	0.3	8.6	0.4	15.8	1.3	0.6

4.2.3　2005 年各省、市、自治区农村基础设施投资额

2005 年各省、市、自治区农村基础设施投资额见表 4.3。

表 4.3　2005 年各省、市、自治区农村基础设施投资额

单位：亿元

地区	类　别					
	电力、燃气及水的生产和供应	交通运输、仓储和邮政	信息传输、计算机服务和软件	水利、环境和公共设施管理	教育	卫生、社会保障和社会福利
北　京	6.2	14.7	0.3	22.9	9.9	2.3
天　津	0	4.5	0	1.2	1	0.3
河　北	8.5	68.6	2.1	10.8	20.9	10.5
山　西	14.3	24.4	0.1	0	5.5	1
内蒙古	1.5	2.8	1.5	0	1.6	0.5

续表

地区	类别					
	电力、燃气及水的生产和供应	交通运输、仓储和邮政	信息传输、计算机服务和软件	水利、环境和公共设施管理	教育	卫生、社会保障和社会福利
辽　宁	1.6	21.1	0.3	6	7.7	1.3
吉　林	0	18.6	0.1	0.3	1.4	0.6
上　海	5.7	13.9	0.1	2.7	6.1	1
江　苏	59.9	50.2	0.3	4.5	19.1	4.8
浙　江	61.5	68	0.1	34.7	12.2	15.6
安　徽	1.9	28.8	0.3	3.1	4.2	1.1
福　建	20.3	42.3	1.4	10.4	12.4	1.6
江　西	15.8	55.3	0.1	1.4	3.7	1
山　东	24.4	78.9	0.6	27.5	21.2	5.4
河　南	2.3	73.1	2.5	7	3.3	2.7
湖　北	1.7	5.7	0	6	0.6	0.3
湖　南	6	35.5	0.3	3	11.8	4.9
广　东	22.5	6.4	0.9	1.4	26.9	0.7
广　西	1.6	9.4	0	0.4	8	0.9
海　南	0.1	1.1	0.1	2.7	0.6	0.1
重　庆	4.6	7.3	0.3	3.9	4.9	1
四　川	3.4	50.3	3	16	21.8	6.2
贵　州	0.4	16.9	0	0.1	1.7	0.5
云　南	1.9	2.3	0	2.7	5.8	0.5
陕　西	0.7	16.5	3.5	1.3	6.2	1.1
甘　肃	0.8	6.2	0.2	2.1	11.7	1.8
青　海	0	4	0	1.5	1.7	0.1
新　疆	0.4	13.8	2.1	2.2	6.2	1.6

4.2.4　2006 年各省、市、自治区农村基础设施投资额

2006 年各省、市、自治区农村基础设施投资额见表 4.4。

表 4.4　2006 年各省、市、自治区农村基础设施投资额

单位：亿元

地区	类别					
	电力、燃气及水的生产和供应	交通运输、仓储和邮政	信息传输、计算机服务和软件	水利、环境和公共设施管理	教育	卫生、社会保障和社会福利
北　京	26.8	32.5	0.2	36.8	13.2	3.2
天　津	0.6	5.9	0.1	2.1	0.3	0.1
河　北	6.8	62.7	1.5	16.9	5.8	4.8
山　西	1.9	16.1	0.2	3.2	1.7	0.5
内蒙古	0.4	4.2	0.1	1.9	0.2	0
辽　宁	7.8	35	0.9	16.7	3.8	1.6
吉　林	3.6	16.1	0.9	7.8	2.2	1.5
上　海	3.4	22.9	0.3	28.4	5.4	4.4
江　苏	36.8	56.4	1.7	96.5	12.4	4.6
浙　江	35.9	87	1.1	68.9	6.1	4.4
安　徽	8.1	41.2	0.6	16.1	7	1.5
福　建	13.2	22.4	1.2	7.6	2.5	0.3
江　西	14	53.3	0.1	11.1	7.9	2.3
山　东	22.1	89.4	2.2	63.1	17.5	7
河　南	19.6	61.6	73.7	28.7	8.5	4.9
湖　北	3.7	22.9	0.6	12.4	1.1	0.7
湖　南	20.2	41.4	1.4	16.1	5.9	2.9
广　东	50.2	56	0.8	108	23.6	9.3

续表

地区	类别					
	电力、燃气及水的生产和供应	交通运输、仓储和邮政	信息传输、计算机服务和软件	水利、环境和公共设施管理	教育	卫生、社会保障和社会福利
广　西	10.7	25.6	0.9	5.6	2.3	0.5
海　南	0.2	3.6	0.1	0.7	0.2	0
重　庆	3.8	12.5	0	8.4	0.6	0.4
四　川	17	56.3	4.7	58.5	4.8	2.6
贵　州	4.3	14.5	1.4	4.7	1.3	0.5
云　南	3.8	6.5	0.1	5.5	1	0.4
陕　西	2.8	26	2.8	5.5	1.6	0.8
甘　肃	2.9	2.2	4.8	2.7	1.8	0.7
青　海	0.8	1.8	0.1	0.4	0.1	0
新　疆	2.7	16.2	0.9	8	2.1	0.7

4.2.5 2007年各省、市、自治区农村基础设施投资额

2007年各省、市、自治区农村基础设施投资额见表4.5。

表4.5 2007年各省、市、自治区农村基础设施投资额

单位：亿元

地区	类别					
	电力、燃气及水的生产和供应	交通运输、仓储和邮政	信息传输、计算机服务和软件	水利、环境和公共设施管理	教育	卫生、社会保障和社会福利
北　京	24.6	64.8	0.1	40.3	8.3	2.5
天　津	3.5	6.4	0.1	3.4	0	0
河　北	12.9	57.3	1.7	32.4	8	3.9
山　西	5.3	12.9	0.2	19.1	3.6	1

续表

地区	类别					
	电力、燃气及水的生产和供应	交通运输、仓储和邮政	信息传输、计算机服务和软件	水利、环境和公共设施管理	教育	卫生、社会保障和社会福利
内蒙古	0.4	4.8	0.1	0.8	0.1	0.2
辽　宁	6.3	45.1	1.3	42.7	4.8	3.5
吉　林	6.3	27.1	1.1	10.4	1.3	2
上　海	4.4	14.7	0.1	23.4	8.1	2.4
江　苏	38.9	87	1.2	107.8	13.3	5.6
浙　江	39.7	65.8	0.2	74.7	7.9	2.9
安　徽	9.4	55.5	0.3	22.5	6.8	1.4
福　建	16.1	44.4	1.6	23.1	4.8	3.2
江　西	17.1	26.1	1.2	34.8	2.9	3.7
山　东	25.5	109.7	1	77.2	11.3	13
河　南	18.5	82.3	1.1	60.5	16.1	10.1
湖　北	5.5	23.6	0.7	28.1	1.3	0.9
湖　南	27.1	72.5	1.2	21.5	5.5	2.3
广　东	53.4	89.2	1.2	115.9	32.8	7.5
广　西	11.5	34.3	0.5	9.6	2.8	1
海　南	1.2	1.8	0	2.2	0.2	0
重　庆	3.8	19.3	0.1	12.2	1	0.3
四　川	15.1	80.4	4.7	58.5	4.4	3.4
贵　州	9	17.2	1.1	8	0	0.5
云　南	8.4	24.4	1.1	14.1	2.3	1.6
陕　西	2.6	22.2	4	6.7	3.7	0.5
甘　肃	2.9	13.7	1.2	7.3	0.8	0.2
青　海	2.5	7.7	0.3	1.3	0.3	0.4
新　疆	5.5	22.1	0.9	11.8	1.6	0.5

4.2.6 2008年各省、市、自治区农村基础设施投资额

2008年各省、市、自治区农村基础设施投资额见表4.6。

表4.6 2008年各省、市、自治区农村基础设施投资额

单位：亿元

地区	类别					
	电力、燃气及水的生产和供应	交通运输、仓储和邮政	信息传输、计算机服务和软件	水利、环境和公共设施管理	教育	卫生、社会保障和社会福利
北 京	15.3	54.7	0.5	43.6	7.8	3.1
天 津	1.2	7.7	0	2.8	0.6	0.1
河 北	16.3	80.5	1.1	38	6.2	4.6
山 西	6	24.5	0.9	17.8	2.7	0.8
内蒙古	0	5.4	0	0.7	0	0
辽 宁	14	55.9	1.5	66.5	5.8	3.2
吉 林	7.7	28.8	0.9	19.7	2.2	2.5
上 海	3.7	11.6	0	23.8	4.7	3.5
江 苏	58.5	87.6	3.5	123.4	16.6	7.4
浙 江	70.9	59.7	0.5	114.2	11.1	5.3
安 徽	15.6	51.7	1.1	38.6	13.1	4.8
福 建	20.8	51.7	1.9	32.8	8.1	4.1
江 西	12.3	35.2	0.2	36	0.8	1.5
山 东	54.2	168	2.5	145.4	14.2	11.6
河 南	20.8	96.7	1.8	89.3	22.9	15
湖 北	6.2	25.8	0.5	37	2.9	1.2
湖 南	30.7	74.4	2.4	32.1	5.3	2.8
广 东	73.3	106.7	1.4	176	26.3	6.9
广 西	12.7	51.7	1.7	14.6	1.8	1
海 南	0.3	1	0	1	0.2	0.5

续表

地区	类别					
	电力、燃气及水的生产和供应	交通运输、仓储和邮政	信息传输、计算机服务和软件	水利、环境和公共设施管理	教育	卫生、社会保障和社会福利
重　庆	10.3	20.8	0.7	23	1.8	0.6
四　川	16.2	56.3	3.5	87.4	3.5	2.6
贵　州	8.9	12.5	0.6	12.8	1.5	0.7
云　南	11.2	30.3	0	20.2	2.4	0.8
陕　西	2.6	28.5	1.4	21	1.9	0.8
甘　肃	5.5	9.9	0.9	7.8	1.3	0.4
青　海	4.4	17.2	0.3	1.7	0.9	0.4
新　疆	4.8	33.3	1.4	16.7	0.9	0.8

4.2.7　2009年各省、市、自治区农村基础设施投资额

2009年各省、市、自治区农村基础设施投资额见表4.7。

表4.7　2009年各省、市、自治区农村基础设施投资额

单位：亿元

地区	类别					
	电力、燃气及水的生产和供应	交通运输、仓储和邮政	信息传输、计算机服务和软件	水利、环境和公共设施管理	教育	卫生、社会保障和社会福利
北　京	13.9	50	0.8	88.7	11.8	4.8
天　津	8.8	11.6	0	11.6	0.1	0.3
河　北	32	89.9	1.1	53.4	9.8	7.5
山　西	9.9	32.1	0.4	38.6	3.8	1.1
内蒙古	2.1	5	0	4.2	0	0.1
辽　宁	26.2	36.2	0.4	15.9	3.3	1

续表

地区	类别					
	电力、燃气及水的生产和供应	交通运输、仓储和邮政	信息传输、计算机服务和软件	水利、环境和公共设施管理	教育	卫生、社会保障和社会福利
吉　林	15. 1	26. 8	0	24. 2	1. 7	1. 9
上　海	5. 1	9. 5	0	36. 4	4. 1	3. 2
江　苏	104. 6	133. 5	9. 8	175. 7	17. 6	10. 6
浙　江	82	108. 7	2. 6	170. 3	16. 9	9. 9
安　徽	18. 3	55. 8	0. 4	50. 2	17. 9	4. 5
福　建	20. 8	51	1. 2	48	10. 5	6
江　西	16. 4	47. 2	1. 3	64. 9	3. 9	4
山　东	63. 2	193. 2	2	211. 2	26	21. 8
河　南	33	99. 4	1. 8	173. 3	30. 7	23
湖　北	12	44. 7	1. 3	58. 7	5. 3	2. 6
湖　南	52. 8	75. 6	3. 4	57. 3	7. 3	4. 5
广　东	198. 4	152. 2	3. 4	268. 5	32. 6	17
广　西	13. 5	64. 7	1. 9	22. 9	2. 3	1. 5
海　南	3. 6	1. 8	0	2	0. 1	0
重　庆	15	30. 3	0. 3	37. 3	1. 5	1. 6
四　川	86	160. 9	7. 4	258. 8	46. 6	21. 9
贵　州	6. 6	23. 9	0. 6	16. 2	2	1. 8
云　南	10. 9	28. 7	0. 6	31. 1	7. 5	1. 7
陕　西	5. 1	44. 7	0. 6	29. 9	2. 9	1. 1
甘　肃	12. 9	9. 5	0. 9	9. 4	5. 5	1. 3
青　海	2. 4	20. 3	0. 1	5. 6	1. 7	0. 7
新　疆	14. 3	35. 9	2. 8	18. 9	4. 3	2. 8

4.2.8　2010 年各省、市、自治区农村基础设施投资额

2010 年各省、市、自治区农村基础设施投资额见表 4.8。

表 4.8　2010 年各省、市、自治区农村基础设施投资额

单位：亿元

地区	类别					
	电力、燃气及水的生产和供应	交通运输、仓储和邮政	信息传输、计算机服务和软件	水利、环境和公共设施管理	教育	卫生、社会保障和社会福利
北　京	13.5	48.8	0.9	88.8	16.4	9
天　津	1.6	20.8	0	12.8	0.9	0.3
河　北	31.2	133.1	0.4	58.7	5.1	5.6
山　西	6	36.3	0.8	62.9	4.7	1.8
内蒙古	2.2	10.5	0.1	12.9	1.4	0.1
辽　宁	41.6	32.6	0.1	63.6	0.8	2
吉　林	49.8	55.1	1.5	7.9	0.1	1.4
上　海	1.2	14.9	1	27.7	5	1.8
江　苏	148.1	170.2	17.1	312.5	28.9	15.4
浙　江	104.2	160.1	2.9	201.1	25.4	8.4
安　徽	32.7	63.9	1.9	64.3	18.8	5.9
福　建	19.4	65.1	1.1	81.9	15.7	6
江　西	22.8	67.7	3.6	115.4	4.4	7.1
山　东	110.9	228.8	4.3	220.3	22.1	15.8
河　南	37.7	129.6	2.6	194.9	28	17.1
湖　北	15	63.7	1	68.4	4.2	2.7
湖　南	37.8	74.7	2.8	76.8	9.1	6.4
广　东	197.3	183.1	1.7	306.1	56.2	10.3
广　西	29.9	82.5	5.9	34	3.5	2.5

续表

地区	类别					
	电力、燃气及水的生产和供应	交通运输、仓储和邮政	信息传输、计算机服务和软件	水利、环境和公共设施管理	教育	卫生、社会保障和社会福利
海南	2.8	2.3	0	2.3	0.4	0
重庆	20.6	40.9	0	59.5	4.2	6.6
四川	78.5	217.3	4.8	241.1	35.4	23.4
贵州	11.9	29.2	1.4	24.2	2	1.9
云南	7.6	44	0.6	47.5	12.7	4.1
陕西	4.2	43.6	1.6	35.1	0.5	1.2
甘肃	25.5	16.7	1.1	11.7	4	3.1
青海	3.2	19.7	0.3	9.5	1.2	0.8
新疆	16.6	46.7	0.7	19.6	3.2	2.7

4.3 各省、市、自治区农村基础设施资本存量测算

4.3.1 经济折旧率的选择

从理论上说，在利用永续盘存法估算资本存量时，δ应该是重置率，但由于我国目前尚不具备对固定资产进行重估的基础，故重置率无从谈起，所以实际计算中采用资本品相对效率按照几何方式递减的假设情况下，计算经济折旧率。利用该假设，需要知道资本品相对效率和使用寿命两个组成要素。在已有研究成果中，这两项指标已得出比较合理的、被公认的判定结果，即资本品相对效率为5%，使用寿命为20年。最终计算出各地区农村基础设施的经济折旧率为13.91%。

4.3.2　基年资本存量的估计

由于没有农村基础设施基年资本存量相关数据，本研究借鉴霍尔和琼斯在估计各国1960年的资本存量时的做法，采用1960年的投资比上1960—1970年各国投资增长的几何平均数加上折旧率后的比值，即

$$K_{1960}=I_{1960}/(g_{1960—1970}+\delta) \tag{9}$$

其中，$K_{1960—1970}$为1960年资本存量；I_{1960}为1960年当年投资额；$g_{1960—1970}$为1960—1970年投资增长的几何平均数；δ为折旧率。

本研究选取2003年为基年，各省、市、自治区当年农村基础设施各类投资数额见表4.1。

4.3.3　当年投资额的选取

依据现有研究，各地区农村基础设施当年投资额的处理方法是：如前面内容所示，根据历年《中国农村统计年鉴》，结合各省、市、自治区“农村统计年鉴”[①] 相关数据，得出28省、市、自治区5类农村基础设施当年的投资额[②]。

4.3.4　投资品价格指数的选择

本研究所有年份的投资数据均利用各地区历年固定资产投资价格指数进行折算，换算为2003年价格所表示的数值。

① 需要说明的是，河南省自2006年开始，不再出版“农村统计年鉴”，调整为《河南调查年鉴》。

② 由于基础设施的统计口径在2003年发生了较大变化，通信和计算机服务形成了一个新的科目，水利、环境和公共设施管理形成了一个新的科目，同时2011年及以后许多农村基础设施投资指标缺失，鉴于数据的可获得性和统计口径的一致性以及为保证数据的连贯性和新颖性，故而本项目选取2003—2010年的农村基础设施数据作为分析样本。

4.4 资本存量估算结果、数据分析及说明

4.4.1 资本存量估算结果

根据上述思路及方法，2003—2010 年各省、市、自治区分类农村基础设施资本存量具体的估算结果详见表 4.9～表 4.13。

表 4.9 电力、燃气及水的生产和供应基础设施资本存量估算结果

单位：亿元

地区	年份							
	2003	2004	2005	2006	2007	2008	2009	2010
北 京	2.22	3.05	3.79	4.42	5.00	5.59	6.06	6.49
天 津	0.23	0.30	0.37	0.43	0.48	0.54	0.58	0.62
河 北	45.61	52.64	58.95	64.61	70.01	76.04	80.68	85.24
山 西	0.51	0.65	0.77	0.89	0.99	1.11	1.21	1.31
内蒙古	0.24	0.31	0.38	0.44	0.49	0.55	0.60	0.65
辽 宁	5.25	6.72	8.05	9.24	10.36	11.55	12.49	13.39
吉 林	0.21	0.29	0.35	0.41	0.47	0.52	0.57	0.61
上 海	4.28	5.29	6.17	6.92	7.63	8.37	8.96	9.53
江 苏	9.72	13.72	17.22	20.30	23.22	26.31	28.82	31.30
浙 江	62.49	77.10	89.74	100.98	111.69	123.22	132.25	141.26
安 徽	4.46	5.75	6.88	7.89	8.86	9.90	10.70	11.50
福 建	60.21	69.72	78.04	85.56	93.11	100.77	106.94	112.93
江 西	42.47	54.50	64.95	74.51	83.76	93.75	101.51	109.19
山 东	29.12	37.31	44.72	51.32	57.52	63.89	68.92	73.76
河 南	10.95	13.72	16.17	18.34	20.42	22.62	24.34	25.98
湖 北	2.70	4.13	5.40	6.52	7.56	8.65	9.55	10.43

续表

地区	年　份							
	2003	2004	2005	2006	2007	2008	2009	2010
湖　南	41.35	49.63	57.26	64.29	71.20	78.72	85.15	91.37
广　东	22.62	33.73	43.52	52.06	59.75	67.66	73.94	79.81
广　西	3.27	4.49	5.56	6.50	7.36	8.23	8.94	9.61
海　南	3.94	3.92	3.91	3.91	3.93	4.04	4.11	4.20
重　庆	8.76	12.27	15.40	18.18	20.84	23.66	25.97	28.07
四　川	40.50	53.35	65.12	75.82	85.95	97.26	106.61	115.22
贵　州	1.85	2.54	3.14	3.67	4.17	4.68	5.12	5.54
云　南	11.57	14.49	17.22	19.66	21.96	24.31	26.23	28.03
陕　西	2.96	3.60	4.18	4.71	5.21	5.75	6.21	6.65
甘　肃	8.44	10.01	11.42	12.75	13.97	15.23	16.36	17.45
青　海	0.60	0.83	1.03	1.21	1.38	1.56	1.71	1.86
新　疆	2.99	3.93	4.78	5.54	6.26	7.05	7.69	8.32

表4.10　交通运输、仓储和邮政基础设施资本存量估算结果

单位：亿元

地区	年　份							
	2003	2004	2005	2006	2007	2008	2009	2010
北　京	11.28	15.55	19.27	22.50	25.44	28.44	30.84	33.06
天　津	9.27	12.38	15.11	17.49	19.66	21.95	23.80	25.52
河　北	187.18	216.04	241.92	265.15	287.32	312.07	331.11	349.81
山　西	38.28	48.84	58.41	66.89	74.88	84.05	91.57	98.76
内蒙古	6.48	8.42	10.18	11.80	13.32	14.87	16.16	17.45
辽　宁	43.77	56.02	67.09	77.00	86.37	96.26	104.12	111.58
吉　林	23.67	32.04	39.47	46.14	52.35	58.62	63.93	68.83
上　海	18.85	23.27	27.13	30.46	33.58	36.84	39.41	41.92
江　苏	103.50	146.21	183.49	216.28	247.37	280.24	307.00	333.39
浙　江	146.01	180.13	209.67	235.92	260.96	287.89	308.99	330.03

续表

地区	年份							
	2003	2004	2005	2006	2007	2008	2009	2010
安　徽	51.55	66.45	79.50	91.15	102.41	114.36	123.59	132.90
福　建	125.64	145.49	162.84	178.53	194.30	210.27	223.16	235.65
江　西	52.90	67.88	80.89	92.81	104.32	116.77	126.43	136.00
山　东	166.54	213.39	255.77	293.54	329.00	365.39	394.18	421.83
河　南	203.06	254.42	299.75	340.06	378.54	419.38	451.18	481.71
湖　北	9.85	15.05	19.68	23.78	27.59	31.54	34.84	38.05
湖　南	83.95	100.75	116.25	130.51	144.54	159.81	172.85	185.49
广　东	42.20	62.93	81.20	97.12	111.48	126.24	137.94	148.90
广　西	17.76	24.39	30.23	35.36	39.99	44.74	48.61	52.24
海　南	34.67	34.50	34.40	34.36	34.62	35.52	36.15	36.99
重　庆	7.20	10.09	12.66	14.95	17.14	19.46	21.35	23.08
四　川	150.07	197.65	241.29	280.92	318.47	360.38	395.00	426.92
贵　州	9.27	12.70	15.72	18.37	20.83	23.38	25.61	27.68
云　南	35.52	44.52	52.90	60.37	67.43	74.66	80.56	86.08
陕　西	31.72	38.49	44.73	50.40	55.76	61.56	66.45	71.14
甘　肃	10.71	12.70	14.49	16.18	17.74	19.33	20.77	22.15
青　海	3.23	4.42	5.49	6.44	7.34	8.30	9.14	9.94
新　疆	14.03	18.45	22.44	26.02	29.39	33.08	36.09	39.04

表4.11　水利、环境和公共设施管理基础设施资本存量估算结果

单位：亿元

地区	年份							
	2003	2004	2005	2006	2007	2008	2009	2010
北　京	20.14	27.77	34.41	40.17	45.42	50.79	55.07	59.04
天　津	0.90	1.21	1.47	1.71	1.92	2.14	2.32	2.49
河　北	28.46	32.85	36.78	40.32	43.69	47.45	50.34	53.19

续表

地区	年　份							
	2003	2004	2005	2006	2007	2008	2009	2010
山　西	1. 01	1. 29	1. 55	1. 77	1. 98	2. 23	2. 43	2. 62
内蒙古	3. 60	4. 68	5. 66	6. 56	7. 40	8. 26	8. 98	9. 69
辽　宁	8. 75	11. 20	13. 42	15. 40	17. 27	19. 25	20. 82	22. 32
吉　林	2. 75	3. 72	4. 58	5. 36	6. 08	6. 80	7. 42	7. 99
上　海	4. 57	5. 64	6. 58	7. 38	8. 14	8. 93	9. 56	10. 16
江　苏	9. 72	13. 72	17. 22	20. 30	23. 22	26. 31	28. 82	31. 30
浙　江	106. 24	131. 07	152. 56	171. 66	189. 88	209. 48	224. 83	240. 14
安　徽	5. 95	7. 67	9. 17	10. 52	11. 82	13. 20	14. 26	15. 33
福　建	26. 10	30. 23	33. 83	37. 09	40. 37	43. 69	46. 36	48. 96
江　西	1. 53	1. 96	2. 33	2. 68	3. 01	3. 37	3. 65	3. 92
山　东	56. 96	72. 99	87. 48	100. 40	112. 53	124. 97	134. 82	144. 28
河　南	8. 99	11. 26	13. 27	15. 05	16. 75	18. 56	19. 97	21. 32
湖　北	1. 27	1. 94	2. 54	3. 07	3. 56	4. 07	4. 50	4. 91
湖　南	45. 70	54. 86	63. 29	71. 05	78. 69	87. 01	94. 11	100. 99
广　东	0. 68	1. 01	1. 30	1. 55	1. 78	2. 02	2. 21	2. 38
广　西	2. 45	3. 36	4. 17	4. 88	5. 52	6. 17	6. 70	7. 21
海　南	23. 64	23. 52	23. 45	23. 43	23. 61	24. 22	24. 65	25. 22
重　庆	0. 58	0. 82	1. 03	1. 21	1. 39	1. 58	1. 73	1. 87
四　川	12. 64	16. 65	20. 33	23. 67	26. 83	30. 36	33. 28	35. 97
贵　州	1. 24	1. 69	2. 10	2. 45	2. 78	3. 12	3. 41	3. 69
云　南	15. 42	19. 32	22. 96	26. 21	29. 27	32. 41	34. 97	37. 37
陕　西	6. 82	8. 27	9. 61	10. 83	11. 99	13. 23	14. 28	15. 29
甘　肃	4. 54	5. 39	6. 15	6. 86	7. 52	8. 20	8. 81	9. 40
青　海	2. 82	3. 87	4. 80	5. 64	6. 42	7. 26	8. 00	8. 70
新　疆	5. 06	6. 66	8. 09	9. 38	10. 60	11. 93	13. 02	14. 08

表 4.12　教育基础设施资本存量估算结果

单位：亿元

地区	年份							
	2003	2004	2005	2006	2007	2008	2009	2010
北　京	5.84	8.05	9.98	11.65	13.17	14.73	15.97	17.12
天　津	2.03	2.72	3.32	3.84	4.32	4.82	5.22	5.60
河　北	59.84	69.06	77.34	84.77	91.85	99.76	105.85	111.83
山　西	16.23	20.70	24.76	28.35	31.74	35.62	38.81	41.86
内蒙古	0.96	1.25	1.51	1.75	1.97	2.20	2.39	2.59
辽　宁	10.51	13.45	16.10	18.48	20.73	23.10	24.99	26.78
吉　林	4.65	6.29	7.75	9.06	10.28	11.51	12.56	13.52
上　海	8.85	10.93	12.74	14.31	15.77	17.30	18.51	19.69
江　苏	27.16	38.37	48.16	56.76	64.92	73.55	80.57	87.50
浙　江	38.63	47.66	55.48	62.42	69.05	76.17	81.76	87.32
安　徽	25.03	32.27	38.60	44.26	49.73	55.53	60.01	64.53
福　建	27.15	31.44	35.18	38.57	41.98	45.43	48.22	50.92
江　西	16.28	20.89	24.89	28.56	32.10	35.93	38.90	41.85
山　东	58.75	75.28	90.22	103.55	116.06	128.90	139.05	148.81
河　南	50.27	62.99	74.21	84.19	93.72	103.83	111.70	119.26
湖　北	0.48	0.73	0.95	1.15	1.33	1.53	1.69	1.84
湖　南	23.63	28.36	32.72	36.73	40.69	44.98	48.66	52.21
广　东	19.58	29.20	37.68	45.06	51.73	58.57	64.01	69.09
广　西	14.09	19.35	23.97	28.04	31.72	35.48	38.55	41.43
海　南	3.15	3.14	3.13	3.12	3.15	3.23	3.29	3.36
重　庆	8.95	12.54	15.74	18.58	21.30	24.19	26.54	28.69
四　川	27.16	35.77	43.67	50.84	57.63	65.22	71.48	77.26
贵　州	4.53	6.21	7.69	8.98	10.18	11.43	12.52	13.53
云　南	12.39	15.53	18.45	21.06	23.52	26.04	28.10	30.03
陕　西	24.31	29.49	34.28	38.63	42.73	47.17	50.92	54.52
甘　肃	18.49	21.93	25.03	27.95	30.63	33.39	35.87	38.25
青　海	1.41	1.93	2.40	2.82	3.21	3.63	4.00	4.35
新　疆	5.52	7.26	8.83	10.24	11.56	13.01	14.20	15.36

表 4. 13　卫生、社会保障和社会福利基础设施资本存量估算结果

单位：亿元

地区	年份							
	2003	2004	2005	2006	2007	2008	2009	2010
北　京	1. 61	2. 22	2. 75	3. 21	3. 63	4. 06	4. 41	4. 72
天　津	0. 45	0. 60	0. 74	0. 85	0. 96	1. 07	1. 16	1. 24
河　北	14. 60	16. 84	18. 86	20. 67	22. 40	24. 33	25. 82	27. 28
山　西	0. 76	0. 97	1. 16	1. 33	1. 49	1. 67	1. 82	1. 96
内蒙古	0. 48	0. 62	0. 75	0. 87	0. 99	1. 10	1. 20	1. 29
辽　宁	1. 25	1. 60	1. 92	2. 20	2. 47	2. 75	2. 97	3. 19
吉　林	1. 27	1. 72	2. 11	2. 47	2. 80	3. 14	3. 42	3. 69
上　海	1. 71	2. 12	2. 47	2. 77	3. 05	3. 35	3. 58	3. 81
江　苏	5. 16	7. 28	9. 14	10. 77	12. 32	13. 96	15. 29	16. 61
浙　江	15. 91	19. 63	22. 84	25. 70	28. 43	31. 37	33. 66	35. 96
安　徽	2. 73	3. 51	4. 20	4. 82	5. 42	6. 05	6. 54	7. 03
福　建	4. 18	4. 84	5. 41	5. 93	6. 46	6. 99	7. 42	7. 83
江　西	1. 78	2. 28	2. 72	3. 12	3. 51	3. 93	4. 26	4. 58
山　东	5. 11	6. 55	7. 85	9. 00	10. 09	11. 21	12. 09	12. 94
河　南	13. 20	16. 54	19. 49	22. 11	24. 61	27. 26	29. 33	31. 31
湖　北	0. 48	0. 73	0. 95	1. 15	1. 33	1. 53	1. 69	1. 84
湖　南	3. 11	3. 73	4. 31	4. 83	5. 35	5. 92	6. 40	6. 87
广　东	6. 08	9. 06	11. 69	13. 99	16. 05	18. 18	19. 86	21. 44
广　西	1. 84	2. 52	3. 13	3. 66	4. 14	4. 63	5. 03	5. 40
海　南	0. 79	0. 78	0. 78	0. 78	0. 79	0. 81	0. 82	0. 84
重　庆	1. 36	1. 91	2. 40	2. 83	3. 24	3. 68	4. 04	4. 37
四　川	8. 19	10. 79	13. 17	15. 34	17. 39	19. 68	21. 57	23. 31
贵　州	1. 24	1. 69	2. 10	2. 45	2. 78	3. 12	3. 41	3. 69
云　南	3. 03	3. 80	4. 51	5. 15	5. 75	6. 37	6. 87	7. 34
陕　西	3. 26	3. 96	4. 60	5. 18	5. 73	6. 33	6. 83	7. 31
甘　肃	23. 68	28. 09	32. 05	35. 79	39. 23	42. 76	45. 94	48. 99
青　海	0. 20	0. 28	0. 34	0. 40	0. 46	0. 52	0. 57	0. 62
新　疆	5. 52	7. 26	8. 83	10. 24	11. 56	13. 01	14. 20	15. 36

4.4.2 数据分析及说明

1. 数据分析

首先，表4.14中的数据给出了以2003年不变价格衡量的各省、市、自治区分类农村基础设施的资本存量。经过测算，到2010年年末，农村基础设施投资所形成的资本存量为43910.18亿元(2003年价格，下同)，其中电力、燃气及水的生产和供应为6010.69亿元，占比13.69%；交通运输、仓储和邮政为23178.31亿元，占比52.79%；水利、环境和公共设施管理为5545.46亿元，占比12.63%；教育为7363.68亿元，占比16.77%；卫生、社会保障和社会福利为1812.04亿元，占比4.13%。数据表明，在各类农村基础设施投资中，交通运输、仓储和邮政类投资占比最大，卫生、社会保障和社会福利类基础设施占比最小。国家依然注重交通、邮政仓储等基础设施投资，而随着农村居民物质文化生活水平的提高，急需卫生、社会保障和社会福利等基础设施投资。在今后投资中，应合理调整投资结构，确保投资效率提升，提高农民对政府角色定位满意度评价。

表4.14 历年各类农村基础设施资本总量

单位：亿元

年份	类别					
	电力、燃气及水的生产和供应	交通运输、仓储和邮政	水利、环境和公共设施管理	教育	卫生、社会保障和社会福利	小计
2003	429.52	1638.17	408.54	515.87	128.96	3121.06
2004	537.99	2063.18	504.62	652.78	161.93	3920.50
2005	634.49	2441.96	590.14	774.78	191.28	4632.65
2006	721.07	2780.51	666.60	883.73	217.63	5269.54
2007	803.57	3102.11	739.43	986.78	242.44	5874.33
2008	891.52	3445.38	816.99	1096.28	268.76	6518.93
2009	962.22	3720.85	879.32	1184.35	290.20	7036.94

续表

年份	类　别					
	电力、燃气及水的生产和供应	交通运输、仓储和邮政	水利、环境和公共设施管理	教育	卫生、社会保障和社会福利	小　计
2010	1030.31	3986.15	939.82	1269.10	310.83	7536.21
合计	6010.69	23178.31	5545.46	7363.67	1812.03	43910.16
所占比例	13.69%	52.79%	12.63%	16.77%	4.12%	—

其次，从各省、市、自治区农村基础设施资本总量看，2003—2010 年间排在前 5 位的决策单元分别是浙江、山东、河南、河北及四川。排在后 5 位的决策单元分别是湖北、贵州、天津、内蒙古及青海。值得说明的是，在前 10 位排名中属于西部地区的仅有 1 个，而在后 10 位排名中，该数据为 4 个。单纯从数据结果可以直观看出，在数据统计期间，我国对西部地区农村基础设施投资极低。具体排位情况见表 4.15 及图 4－1 所示。

表 4.15　历年各省、市、自治区农村基础设施资本总量排序

单位：亿元

排序	地区	类　别						
		电力、燃气及水的生产和供应	交通运输、仓储和邮政	水利、环境和公共设施管理	教育	卫生、社会保障和社会福利	农村基础设施资本总量	所属区域
1	浙　江	838.75	1959.62	1425.87	518.50	213.50	4956.24	东部
2	山　东	426.56	2439.64	834.42	860.61	74.84	4636.07	东部
3	河　南	152.55	2828.11	125.17	700.18	183.85	3989.86	中部
4	河　北	533.77	2190.59	333.07	700.31	170.81	3928.55	中部
5	四　川	639.83	2370.71	199.72	429.02	129.45	3768.73	西部
6	福　建	707.28	1475.89	306.62	318.89	49.06	2857.74	东部
7	江　苏	170.61	1817.49	170.61	477.00	90.53	2726.24	东部
8	湖　南	538.97	1094.16	595.71	307.98	40.52	2577.34	中部
9	广　东	433.09	808.00	12.93	374.91	116.35	1745.28	东部

续表

排序	地区	类别						所属区域
		电力、燃气及水的生产和供应	交通运输、仓储和邮政	水利、环境和公共设施管理	教育	卫生、社会保障和社会福利	农村基础设施资本总量	
10	江　西	624.65	778.00	22.44	239.39	26.18	1690.66	中部
11	安　徽	65.94	761.92	87.91	369.97	40.29	1326.03	中部
12	云　南	163.45	502.04	217.94	175.13	42.81	1101.37	西部
13	辽　宁	77.07	642.21	128.44	154.13	18.35	1020.20	东部
14	陕　西	39.27	420.24	90.33	322.05	43.20	915.09	西部
15	山　西	7.44	561.69	14.88	238.07	11.16	833.24	中部
16	甘　肃	105.62	134.05	56.87	231.55	296.54	824.63	西部
17	北　京	36.61	186.38	332.82	96.52	26.63	678.96	东部
18	广　西	53.94	293.32	40.46	232.63	30.34	650.69	西部
19	海　南	31.96	281.22	191.74	25.57	6.39	536.88	东部
20	吉　林	3.44	385.04	44.69	75.63	20.63	529.43	中部
21	新　疆	46.57	218.54	78.82	85.98	85.98	515.89	西部
22	上　海	57.15	251.46	60.96	118.11	22.86	510.54	东部
23	重　庆	153.14	125.92	10.21	156.54	23.82	469.63	西部
24	湖　北	54.94	200.38	25.86	9.70	9.70	300.58	中部
25	贵　州	30.71	153.56	20.47	75.07	20.47	300.28	西部
26	天　津	3.54	145.16	14.16	31.86	7.08	201.80	东部
27	内蒙古	3.65	98.68	54.82	14.62	7.31	179.08	中部
28	青　海	10.18	54.30	47.51	23.76	3.39	139.14	西部

再次，从各类农村基础设施资本存量看，根据前文所做的估算，分别统计出电力、燃气及水的生产和供应，交通运输、仓储和邮政，水利、环境和公共设施管理，教育及卫生、社会保障和社会福利 5 类农村基础设施资本存量的前 5 位和后 5 位的省、市、自治区。在分类投资中，天津作为东部地区单元，从经济、社会和影响力等因素来看，本应排名在前，但估算结果显示其排名均系倒数。具体

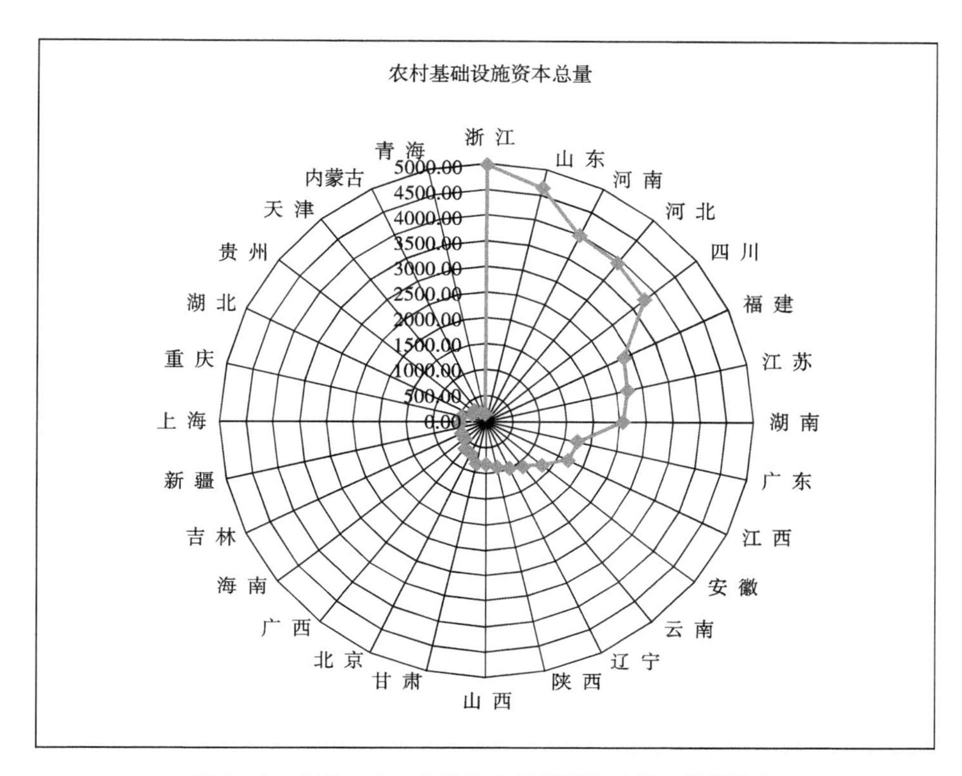

图 4－1　各省、市、自治区农村基础设施资本总量排序

排名情况见表 4. 16、表 4. 17 和图 4－2～图 4－6 所示。

表 4. 16　各类农村基础设施资本存量前 5 位排序

单位：亿元

排名	地区及类别									
	地区	电力、燃气及水的生产和供应	地区	交通运输、仓储和邮政	地区	水利、环境和公共设施管理	地区	教育	地区	卫生、社会保障和社会福利
1	浙江	838. 75	河南	2828. 11	浙江	1425. 87	山东	860. 61	甘肃	296. 54
2	福建	707. 28	山东	2439. 64	山东	834. 42	河北	700. 31	浙江	213. 50
3	四川	639. 83	四川	2370. 71	湖南	595. 71	河南	700. 18	河南	183. 85
4	江西	624. 65	河北	2190. 59	河北	333. 07	浙江	518. 50	河北	170. 81
5	湖南	538. 97	浙江	1959. 62	北京	332. 82	江苏	477. 00	四川	129. 45

表4.17 各类农村基础设施资本存量后5位排序

单位：亿元

排名	地区及类别									
	地区	电力、燃气及水的生产和供应	地区	交通运输、仓储和邮政	地区	水利、环境和公共设施管理	地区	教育	地区	卫生、社会保障和社会福利
1	吉林	3.44	青海	54.30	重庆	10.21	湖北	9.70	青海	3.39
2	天津	3.54	内蒙古	98.68	广东	12.93	内蒙古	14.62	海南	6.39
3	内蒙古	3.65	重庆	125.92	天津	14.16	青海	23.76	天津	7.08
4	山西	7.44	甘肃	134.05	山西	14.88	海南	25.57	内蒙古	7.31
5	青海	10.18	天津	145.16	贵州	20.47	天津	31.86	湖北	9.70

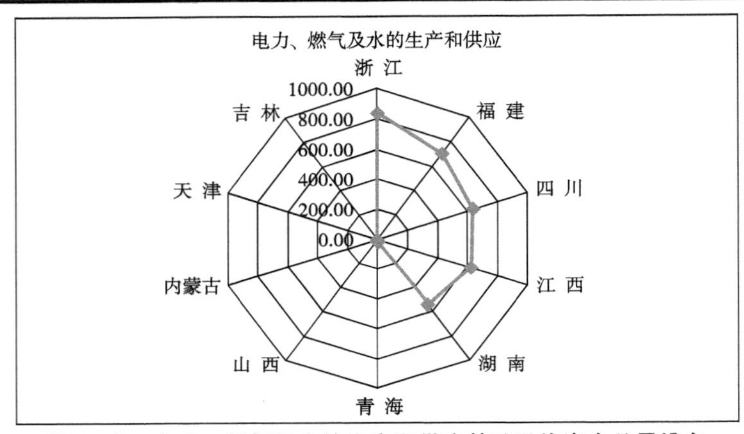

图4-2 电力、燃气及水的生产和供应基础设施资本总量排名

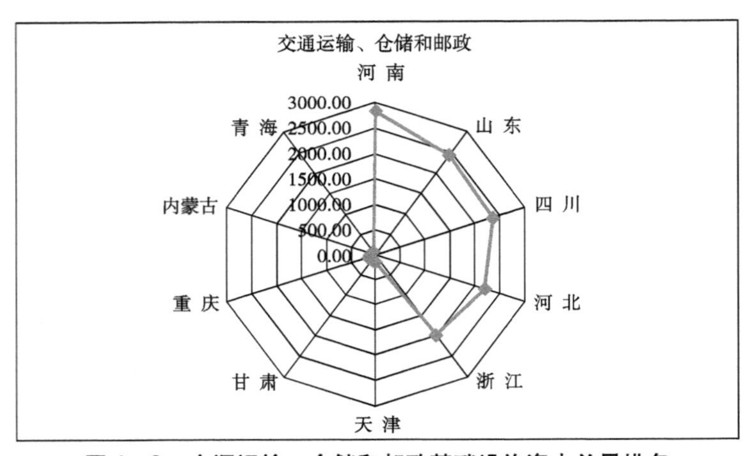

图4-3 交通运输、仓储和邮政基础设施资本总量排名

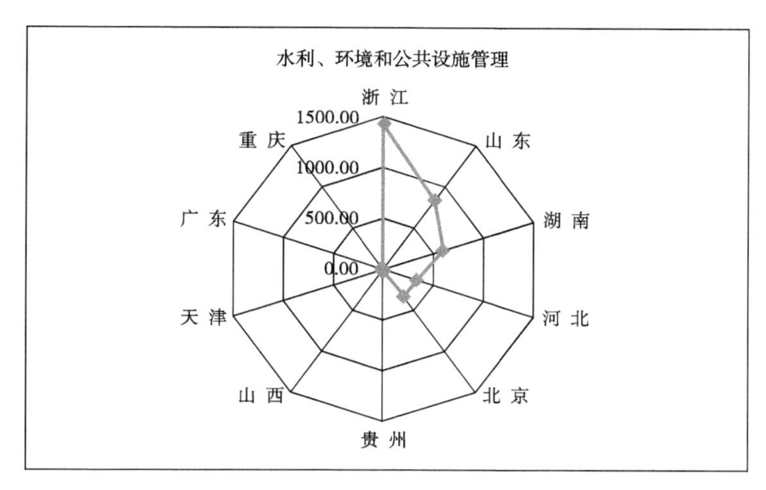

图4－4　水利、环境和公共设施管理基础设施资本总量排名

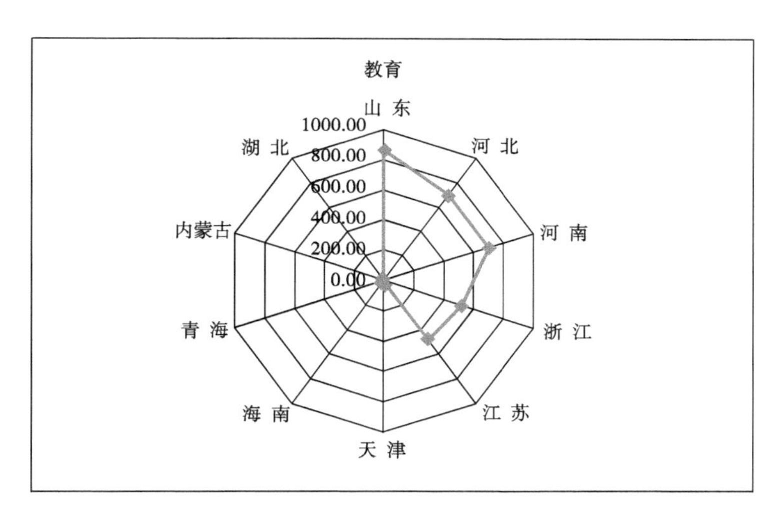

图4－5　教育基础设施资本总量排名

最后需要说明的是，书中测算数据仅仅显示出不同年份各省、市、自治区农村基础设施资本总量及各类农村基础设施资本存量的变化绝对量和相对量的情况。透过现象观察本质，虽然在统计年间农村基础设施资本存量逐年增加，但农村基础设施投资主体缺位、投入总量不足、结构失衡和供给机制不强等问题依然突出。

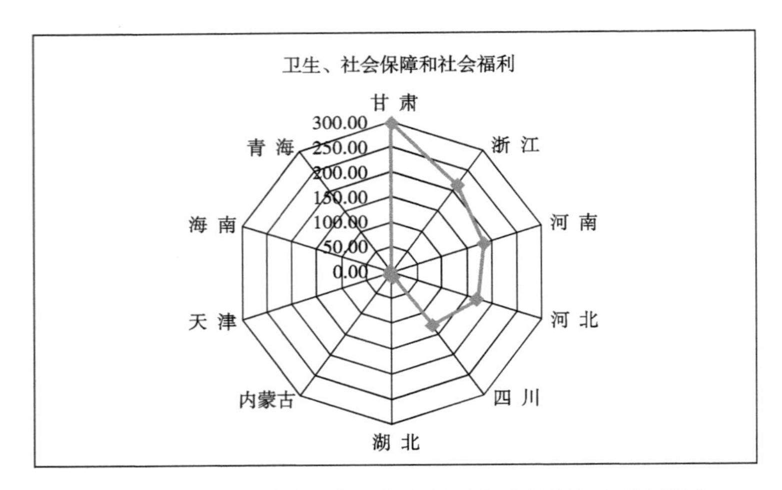

图 4－6　卫生、社会保障和社会福利基础设施资本总量排名

2. 主要说明

本节主要是在本人之前对永续盘存法研究的基础上，通过经济折旧率的选择、基年资本存量的估计、当年投资额的选取及投资品价格指数的选择等工作，对电力、燃气及水的生产和供应，交通运输、仓储和邮政，水利、环境和公共设施管理，教育及卫生、社会保障和社会福利 5 类农村基础设施进行资本存量的估算。以上工作从一个侧面反映了我国 2003—2010 年各省市分类农村基础设施投资的发展历程。从估算结果来看，是与各省、市、自治区乃至全国的农村经济发展趋势基本吻合的。

需要指出的是，本次估算不同于以往的地方是严格按照《中国农村统计年鉴》对基础设施的统计口径展开研究工作，数据翔实可靠。当然，以上工作有些地方是依据一定假设和做了相对合理选择的结果。由于资料的限制，各省市各类农村基础设施的经济折旧率均选用同一个数值 13.91%，这在一定程度上会影响分析的准确度。还有一点遗憾的是，由于我国统计口径发生了变化，依据现有的数据，仅仅估算出 2003—2010 年间各省、市、自治区各类农村基础设施资本存量的数据，难能可贵的是该研究工作能够估算出农村基础设施资本存量的一个大概范围和基本趋势，从而为进一步分析农村基础设施新建投资和重置投资的比例提供应有的数据基础。如何进行更加精确的估算还需进一步探讨和研究。

4.5　农村基础设施投资贡献度测算

4.5.1　面板数据模型简介

1. 概念

面板数据（Panel Data）也称为平行数据，是指在时间序列上取多个截面，在这些截面上同时选取样本观测值所构成的样本数据。或者说它是一个 $m \times n$ 的数据矩阵，记载的是 n 个时间节点上，m 个对象的某一数据指标。

面板数据用双下标变量表示为

$$y_{it}(i=1, 2, \cdots, N;\ t=1, 2, \cdots, T) \tag{10}$$

在式(10)中，N 表示面板数据中含有 N 个个体。T 表示时间序列的最大长度。若固定 t 不变，$y_{i.}$ $(i=1, 2, \cdots, N)$ 是横截面上的 N 个随机变量；若固定 i 不变，$y_{.t}(t=1, 2, \cdots, T)$ 是纵剖面上的一个时间序列(个体)。

面板数据模型(Panel Data Model)是用来描述一个总体中给定样本在一段时间内的情况，并对样本中每个样本单位都进行多重观测。这种多重观测既包括对样本单位在某一时期(时点)的多个特性进行观测，也包括对该样本单位的这些特性在一段时间的连续观测。面板数据模型既能反映某时期每个个体数据的规律，也能描述每个个体随时间变化的规律，集合了时间序列和截面数据的共同优点。

2. 面板数据模型的基本框架

面板数据模型的基本框架是形如下式的回归模型。

$$y_{it}=\boldsymbol{x}_{it}'\boldsymbol{\beta}+\boldsymbol{z}_i'\boldsymbol{\alpha}+u_{it}=\boldsymbol{x}_{it}'\boldsymbol{\beta}+c_i+u_{it}$$

$$(i=1,2,3,\cdots,N;\ t=1,2,3,\cdots,T) \tag{11}$$

其中：

$\boldsymbol{x}_{it}=(x_{1it},\ x_{2it},\ \cdots,\ x_{kit})'$　　$\boldsymbol{\beta}=(\beta_1,\ \beta_2,\ \cdots,\ \beta_k)'$

$\boldsymbol{z}_i=(z_{1i},\ z_{2i},\ \cdots,\ z_{mi})'$　　$\boldsymbol{\alpha}=(\alpha_1,\ \alpha_2,\ \cdots,\ \alpha_m)'$

$\boldsymbol{x}_{it}$中有 k 个解释变量，不包括常数项。异质性或个体影响由 $\boldsymbol{z}_i'\boldsymbol{\alpha}$表示，其中 z_i 包含一个常数项和一组体现横截面个体影响但不随时间变化的变量，例如可观测的种族、性别等，或无法观测的家庭特征、偏好等，所有这些变量都只体现横截面个体特征，而不随时间变化。如果所有横截面个体的 z_i 都可以观测到，那么整个模型可被视为一个普通线性模型，并可用最小二乘法来拟合。但在大多数应用中，c_i 不可观测，处理起来就要复杂得多。

分析的主要目标是偏效应（Partial Effects）的一致和有效估计：$\boldsymbol{\beta}=\partial E[y_{it}/\boldsymbol{x}_{it}]/\partial \boldsymbol{x}_{it}$。

能否达到这个目标，取决于有关不可观测的影响的假设。我们以自变量的严格外生性假设作为起点，该假设为 $E[u_{it}|\boldsymbol{x}_{i1},\boldsymbol{x}_{i2},\cdots]=0$。即当期扰动项与过去、现在和未来的每一期中的自变量都无关。

模型关注的重要方面是异质性，这方面特别方便的一个假设是所谓的均值独立（Mean Independence），即 $E[c_i|\boldsymbol{x}_{i1},\boldsymbol{x}_{i2},\cdots]=\alpha$。

如果该假设成立，即不可观测的变量与包括在模型中的变量无关，那么下面将看到，可以将它们包括在模型的扰动项中，这正是随机影响模型的基础假设。可是，这是一个很强的假设，在很多情况下无法满足。因此，相对弱一些的假设

是 $E[c_i \mid \boldsymbol{x}_{i1}, \boldsymbol{x}_{i2}, \cdots] = h(\boldsymbol{x}_{i1}, \boldsymbol{x}_{i2}, \cdots) = h(\boldsymbol{x}_i)$。

3. 面板数据模型的常见类型

（1）固定效应模型（Fixed Effects Regression Model）

如果对于不同的截面或不同的时间序列，模型的截距不同，则可以采用在模型中添加虚拟变量的方法估计回归参数。该模型将α_i视为回归模型中每一个体各自不同的常数项。需要说明的是，这里使用的“固定”一词是表明 c_i 和 $\boldsymbol{x}_{it}$的相关，并不表明 c_i 是非随机的。

$$y_{it} = \boldsymbol{x}_{it}'\boldsymbol{\beta} + \alpha_i + u_{it} \tag{12}$$

其中：$\alpha_i = \boldsymbol{z}_i'\boldsymbol{\alpha}$。

固定效应模型的应用前提是假定全部研究结果的方向与效应大小基本相同，即各独立研究的结果趋于一致，一致性检验差异无显著性。因此，固定效应模型适用于各独立研究之间无差异或差异较小的研究。固定效应模型是指实验结果只想比较每一自变项的特定类目或类别之间的差异，以及与其他自变项的特定类目或类别之间的交互效果，而不想依此推论到同一自变项未包含在内的其他类目或类别的实验设计。例如，研究者想知道教师的认知类型在不同教学方法情境中，对学生学习数学的效果有何不同，其中教师和学生的认知类型，均指场地依赖型和场地独立型，而不同的教学方法则指启发式、讲演式、编序式。当实验结束时，研究者仅就两种类型之间的交互效果及类型之间的差异进行说明，而未推论到其他认知类型，或第四种教学方法。这种实验研究模式，即固定效应漠型。

（2）随机效应模型（Random Effects Regression Model）

如果固定效应模型中的截距项包括了截面随机误差项和时间随机误差项的平均效应，并且这两个随机误差项都服从正态分布，则固定效应模型就变成了随机效应模型。

$$\begin{aligned} y_{it} &= \boldsymbol{x}_{it}'\boldsymbol{\beta} + E[\boldsymbol{z}_i'\boldsymbol{\alpha}] + \{\boldsymbol{z}_i'\boldsymbol{\alpha} - E[\boldsymbol{z}_i'\boldsymbol{\alpha}]\} + u_{it} \\ &= \boldsymbol{x}_{it}'\boldsymbol{\beta} + \alpha + \varepsilon_i + u_{it} \end{aligned} \tag{13}$$

随机效应模型是经典的线性模型的一种推广，就是把原来(固定)的回归系数看作是随机变量，一般假设随机误差项来自正态分布。如果模型里一部分系数是随机的，其余部分是固定的，一般称为混合模型(前文已介绍，不再赘述)。虽然定义很简单，对线性混合模型的研究与应用也已经比较成熟了，但是如果从不同的侧面来看，可以把很多统计方法结合起来。概括地讲，这个模型是频率派和贝叶斯模型的结合，是经典的参数统计到高维数据分析的先驱，是拟合具有一定相关结构的观测的典型工具。

随机效应模型最直观的作用就是把固定效应推广到随机效应。注意，这时随机效应是一个群体概念，代表群体分布的信息或特征，而对固定效应而言，我们所做的推断仅限于那几个固定的(未知的)参数。例如，如果要研究一些水稻的品种是否对产量有影响，如果用于分析的品种是从一个很大的品种集合里随机选取的，那么这时用随机效应模型分析就可以推断所有品种构成的整体的信息。这里，就体现了经典的频率派的思想——任何样本都来源于一个无限的群体(Population)。

同时，引入随机效应就可以使个体观测之间有一定的相关性，所以可以用来拟合非独立观测的数据，如重复观测的数据、多时间点的记录等，称为纵向数据(Longitudinal Data)，该研究已经成为一个很大的统计分支。

(3) 混合估计模型(Pooled Regression Model)

如果从时间上看，不同个体之间不存在显著性差异。从截面上看，不同截面之间也不存在显著性差异。简单而言，这类模型假设所有的横截面个体在各个不同时期的斜率和截距都是相同的，那么就可以直接把面板数据混合在一起用普通最小二乘法估计参数，从而得到一致和有效估计量。由于混合回归模型假设解释变量对被解释变量的影响与横截面个体无关，这在现实中是很难成立的，因此应用不广。

$$y_{it} = \alpha + x_{it}{}' \beta + u_{it} \tag{14}$$

图4-7所示为面板数据模型的主要类型。

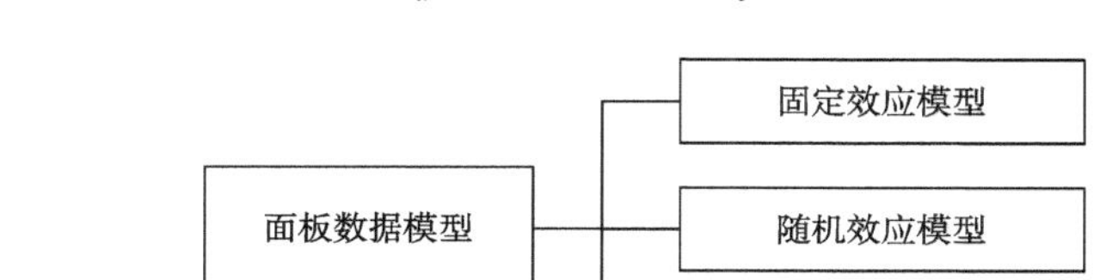

图4-7 面板数据模型的主要类型

需要说明的是，在面板数据模型形式的选择方法上，我们经常采用*F*检验决定选用混合估计模型还是固定效应模型，然后用*Hausman*检验确定应该建立随机效应模型还是固定效应模型。

4.5.2 理论假说

从理论上看，农村基础设施投资对提高农民收入具有积极作用，主要体现在以下几方面。

① 农村基础设施投资建设能够降低农业生产成本，提高农业生产效率，为农民提供许多就业机会，直接增加农民收入。

② 交通运输、邮电通信、仓储等基础设施投资能促进非农产业的发展，为农民提供更多获得其他商品和服务的机会及非农就业的机会，从而增加农民的非农业收入。

③ 农村基础设施投资的增加可以降低农民的生活成本，在农民收入水平不变的情况下，大幅提高农民的购买能力。

④ 农村基础设施投资项目本身能够直接增加农民收入。诸如修筑乡村公路、架设乡村电网等项目均属于高度劳动密集型，增加其建设能够创造新的就业机会，直接增加农民收入。

4.5.3 模型估计

假设：在对样本面板数据进行初步分析后，我们发现采用固定效应模型来测算各类农村基础设施投资贡献度比较合适。具体分析来看，研究样本属于“大 *N*，小 *T*”型平衡面板数据，通过 *F* 检验和 *Hausman* 检验，其结果拒绝了混合 OLS 回归和随机效应模型，故而采用固定效应模型进行回归。同时，在估计过程中对各指标数据进行对数化处理，消除异方差等影响。

本研究最终构建模型为

$$LNINCOME_{it} = \mu_i + \alpha_i + \beta_1 \times LNKDRS_{it} + \beta_2 \times LNKJCY_{it} + \beta_3 \times LNKSHG_{it} + \beta_4 \times LNKJY_{it} + \beta_5 \times LNKWBF_{it} + \varepsilon_{it} \quad (15)$$

其中，INCOME 是农村居民家庭年人均纯收入（元）；KDRS 是各地电力、燃气及水的生产和供应基础设施人均资本存量（元/人）；KJCY 是各地交通运输、仓储和邮政基础设施人均资本存量（元/人）；KSHG 是各地水利、环境和公共设施管理基础设施人均资本存量（元/人）；KJY 是各地教育基础设施人均资本存量（元/人）；KWBF 是各地卫生、社会保障和社会福利基础设施人均资本存量（元/人）。下标 i 表示各省、市、自治区，下标 t 表示年份，μ_i为个体效应，ε_{it}为随机误差项。

运用 Eviews 8.0 软件测算，具体回归结果如图 4-8 所示。

需要说明的是，由于农民人均纯收入和当期人均 GDP 之间存在互为因果的关系，不可避免地产生内生性，从而导致估计结果的偏差。为了避免这一问题，应选取人均 GDP 的滞后一期值作为控制变量。

Dependent Variable: LNINCO?
Method: Pooled Least Squares
Date: 10/17/16　Time: 08:27
Sample(adjusted): 2004 2010
Included observations: 7 after adjustments
Cross-sections included: 28
Total pool(balanced)observations: 196

Variable	Coefficient	Std. Error	t - Statistic	Prob.
C	1. 894471	0. 143575	13. 19499	0. 0000
LNKDRS?	0. 042322	0. 004884	8. 665136	0. 0000
LNKJCY?	0. 098931	0. 016572	5. 969660	0. 0000
LNKSHG?	0. 023073	0. 006770	3. 408081	0. 0008
LNKJY?	0. 056943	0. 012903	4. 413287	0. 0000
LNKWBF?	-0. 001735	0. 011526	-0. 150552	0. 0905
LNGDP1?	0. 620589	0. 020070	30. 92069	0. 0000

R-squared	0. 935762	Mean dependent var	8. 018387
Adjusted R-squared	0. 933723	S. D. dependent var	0. 376532
S. E. of regression	0. 096936	Akaike info criterion	— 1. 794474
Sum squared resid	1. 775950	Schwarz criterion	— 1. 677398
Log likelihood	182. 8584	Hannan-Quinn criter.	— 1. 747076
F-statistic	458. 8645	Durbin-Watson stat	1. 849087
Prob(F-statistic)	0. 000000		

图4-8　固定效应模型的回归结果

4.5.4　回归结果分析及说明

1. 回归结果分析

总体来说，该模型拟合效果较好。下面从两方面具体分析模型回归结果。一方面，从总量上来看，我国人均农村基础设施投资量呈现逐年增加的趋势。与理论预期一致，农村交通运输、仓储和邮政基础设施，农村电力、燃气及水的生产和供应基础设施，农村水利、环境和公共设施管理基础设施存量对农民人均纯收入有正向作用，表明随着政府加大上述基础设施的投资力度，各类农村基础设施存量增加，农民人均纯收入得到了提高。与理论预期相反，农村卫生、社会保障和社会福利基础设施系数为负基础设施存量（-0.0017），所以它对提高农民收入的作用不明显，造成以上测算结果的主要原因有两个：一是这些基础设施属于社会类基础设施，需要较长时间才能发挥作用，因而在短期内难以有显著效果；二是现实条件下该类农村基础设施投资总额较少，因而对农村居民家庭收入的提高和农村经济发展的促进作用有限。

另一方面，从分类农村基础设施投资贡献度来看，该模型表明在样本观测期间，各类农村基础设施投资贡献度由大到小的排序为农村交通运输、仓储和邮政基础设施（0.099），教育基础设施（0.057），农村电力、燃气及水的生产和供应基础设施（0.042），农村水利、环境和公共设施管理基础设施（0.023）。该测算结果表明，在当前技术水平和其他类型的农村基础设施投资不变的情况下，农村交通运输、仓储和邮政基础设施对农民收入提高贡献度最大，该结果从侧面证实了我国一直实施的“要想富，先修路”的政策，是加快农村经济发展、提高农民收入的明智之举。与此同时，该测算结果也从侧面证明了一般情况下，加大农村基础设施投资力度能够切实提高农民收入水平，并且投资力度大小和对农民收入水平提高贡献度的高低呈现正相关关系。在今后农村基础设施投资中，加大投资力度是关键，但不能“眉毛胡子一把抓”，应合理确定农村基础设施的投资重点，从而有效提升农村基础设施投资效率，提高农民对政府角色定位满意度。

2. 主要说明

本部分研究主要运用 Eviews 8.0 构建固定效应模型，以提高农民收入为切入点，分别测算了电力、燃气及水的生产和供应，交通运输、仓储和邮政，水利、环境和公共设施管理，教育及卫生、社会保障和社会福利5类农村基础设施的投资贡献度。在今后的研究中，有两个问题可以改进：一是可以考虑增加研究视角，即从降低农民支出和促进农村经济发展等切入点测算各类农村基础设施的投资贡献度；二是可以考虑利用Stata软件进行模型构建，对比研究两款软件对同一经济问题的建模过程及其数据分析，尤其是具体考量农村卫生、社会保障和社会福利基础设施在提高农民收入方面的实际作用，从而提高模型拟合度。

本章小结

本章主要进行了农村基础设施投融资资本存量测度研究，具体包括5部分内容：首先，简要介绍了永续盘存法理论发展脉络及测算要点；其次，系统梳理了2003—2010年28个省、市、自治区5类农村基础设施投资额，为具体测算提供了翔实、可靠的数据；再次，从经济折旧率的选择、基年资本存量的估计、当年投资额的选取和投资品价格指数的选择4个方面，科学测算出历年各省、市、自治区各类农村基础设施资本总量；进而对估算结果进行了具体分析和说明。经过测算，到2010年年末，农村基础设施投资所形成的资本存量为43910.19亿元(2003年价格，下同)，在各类农村基础设施投资中，交通运输、仓储和邮政类投资占比最大，卫生、社会保障和社会福利类基础设施占比最小；最后，在以上研究的基础上，从面板数据模型简介、理论假说、模型估计及其回归结果分析及说明4个方面，运用Eviews 8.0软件，科学测算出各类农村基础设施在提高农民收入方面的投资贡献度。研究结果表明，农村交通运输、仓储和邮政基础设施对农民收入提高贡献度最大(0.099)，农村水利、环境和公共设施管理基础设施对农民收入提高贡献度最小(0.023)，而农村卫生、社会保障和社会福利基础设施系数为负基础设施存量(-0.0017)。

第五章

政府角色定位满意度测评

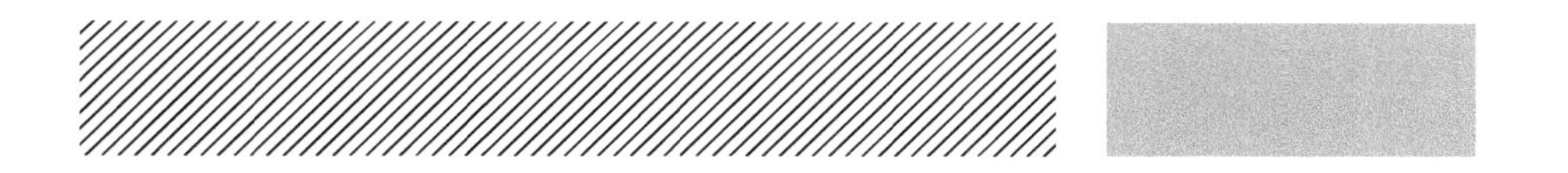

尽管我国农村基础设施建设取得了较大的发展，但随着社会的发展，我国农村基础设施建设还是无法满足农民需求的变化。本书在进行农村基础设施投资理论分析时，已然揭示出我国农村基础设施投资主体缺位的事实。进一步分析，农村基础设施建设的主体主要由政府完成，企业和农民很少参与。这种不完善的供给机制不仅使农村基础设施供不应求，还出现了与农民需求意愿脱节的现象，造成了农村基础设施建设欠缺农民偏好表达机制的现状。由此可见，进行农民对政府角色定位满意度测评工作势在必行。

5.1 概念及特点

5.1.1 概念

1. 满意

所谓“满意”，现代汉语词典中对于满意的相关解释：满足自己的愿望，符合自己的心意。满意是一个心理学术语，是指人的感觉状况，是一种积极的肯定的心理状态。满意情况是指一个人通过对某一种产品或服务的可感知的效果，与他的期望相比较后形成的一种失望或愉悦的感觉状态。①

2. 顾客满意度

顾客满意度是一个经济心理学的概念，是指顾客对其所消费的产品或服务能

① 陈彦希，2017. 湖南省农村公共服务满意情况的调查研究［D］. 长沙：湖南大学：16－18.

满足其需要的程度，具有模糊性、主观性、累积性和可测性等特点。

不同专家学者对顾客满意度的定义，见表 5.1。

表 5.1　不同专家学者对顾客满意度的定义

专家学者	具体定义
Cardozo	顾客或消费者满意度会增加他们再次购买产品的行为，并且会引发其购买其他产品
Howard	顾客对其所付出的代价是否获得足够补偿的一种认知状态
Linda	顾客满意度是一种心理状态，是顾客根据消费经验所形成的期望与消费经历一致时产生的一种情感状态
Oliver	顾客满意度是一种暂时性、情绪性的反应
Cadotte	顾客满意度是一种理性的“知觉评价”过程
Woodside	顾客满意度是自觉形成的，可以评估消费者喜欢或不喜欢的程度
Kolter	一个人通过对某一种产品或服务的可感知效果与期望值比较所形成的愉悦或失望的心理状态，是感知效果与期望值之间的差异函数
Fornell	满意度是指可直接评估的整体感觉，是顾客将产品或服务与其理想标准进行比较的结果
Anderson	顾客满意度是顾客的购后评估
Kotler	顾客满意程度主要取决于对所购买产品或服务的实际感知与个人对产品或服务的期望两者对比后的结果
Wong	顾客满意度是其整体情绪上的一种感觉状况，受所购买产品或服务实际效果的影响
张　权	顾客消费某种产品或服务后，根据自身实际感知与预期感知所存在的差距，产生一种对于该产品满意或者不满意的程度，并通过相关的指数表达出来的一种感知状态

3. 政府角色定位满意度

政府角色定位满意度的全称是农村基础设施政府角色定位满意度，是指农民通过对农村基础设施进行全面、深入和系统的体验后，形成对农村基础设施的实际感受，与其预期水平相比较之后对政府产生的愉悦或失望的主观评价，并通过相关的指数表达出来的一种感知状态。

5.1.2　政府角色定位满意度的特点

1. 模糊性

公众满意情况作为公众的一种心理活动，在反映农村政府提供公共产品客观差异方面没有明确的界限，并不是简单的“非此即彼”。因此，政府角色定位满意度在反映农村政府公共服务差异方面具有一定的模糊性。

2. 主观性

政府角色定位满意度是人们在接受政府公共服务后，将实际感受到的公共服务水平与自己期望的公共服务水平比较后形成的主观感受，这种感受的对象虽然是客观存在的，但得到的感知结果却存在较强的主观性。由于个人社会阅历、价值观念、个人情感、社会阶层等因素的影响，对同一项公共服务，不同的人感受是不同的。

3. 累积性

政府角色定位满意度是公众在历次接受政府公共服务过程中形成的情感状态。人们对某一次政府公共服务水平是否满意，会受到上次接受公共服务的经历或类似公共服务经历的影响。

4. 可测性

尽管政府角色定位满意度具有模糊性，但在确定农村公共服务满意水平的基础上，仍能通过选取公共产品的具体指标进行量化研究。

图 5 –1 所示为政府角色定位满意度的主要特点。

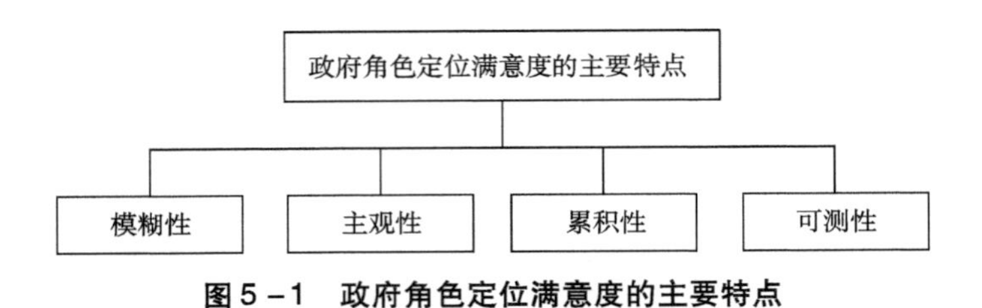

图5－1　政府角色定位满意度的主要特点

5.2　顾客满意度理论模型

5.2.1　模型发展脉络

顾客满意的问题早在1802年就由英国学者边沁(Bentham)提出。1965年卡多佐(Cardozo)发表《顾客的投入、期望和满意的实验研究》，首次将顾客满意的观点引入营销领域。早期的研究大量摄取了社会学、心理学方面的理论。它强调企业应从顾客需求出发，由单纯的市场占有率转变为追求顾客占有率，力图通过对企业产品与服务的改进与提升来实现顾客满意的最大化。

1989年费耐尔(Fornell)把顾客期望、购买后的感知、购买价格等多方面因素组成了一个费耐尔模型，并以此模型得出顾客满意度指数(Customer Satisfaction Index，CSI)。此后，瑞典、美国、德国、加拿大、韩国及我国台湾等20多个国家和地区先后建立了全国或地区性的CSI模型，用来测量顾客对其提供的产品或服务质量的满意度。20世纪80年代以后，为了对公共部门进行绩效评价，许多国家都将顾客满意度理论及顾客满意度指数模型作为一种测评手段。美国联邦政府于1999年开始使用ACSI模型来测评公众对政府服务是否满意。在英国，梅杰政府要求公共服务机构和部门在制定《公民宪章》时要遵循6项原则，其中最重要的就是顾客选择和明确的服务标准。在澳大利亚，政府构建的政府服务绩效测评指标中，几乎所有的公共服务领域都使用了顾客满意度指标来进行评价。常见的顾客满意度指数模型主要有卡诺模型（KANO，1979）、瑞典顾客满意度指数模型（SCSB，1989）、美国顾客满意度指数模型（ACSI，1994）、欧盟顾客满意度指数模型（ECSI，1999）和中国顾客满意度指数模型（CCSI，2002）。

顾客满意度理论的发展脉络如图5-2所示。

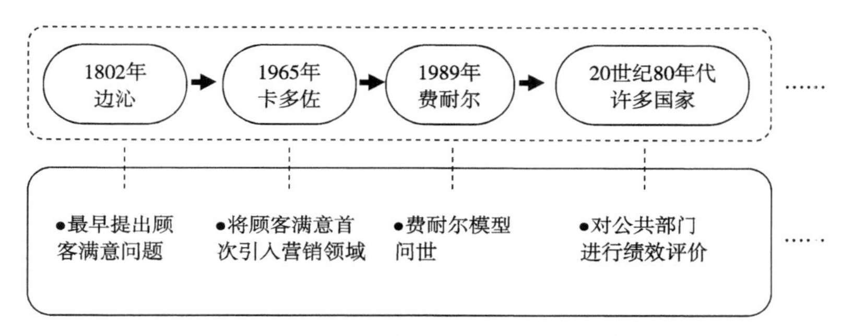

图5-2　顾客满意度理论的发展脉络

5.2.2　经典顾客满意度理论模型

1. KANO模型[①]

KANO模型（图5-3）是由日本质量管理大师、东京理工大学教授狩野纪昭（KANO Noriaki）博士提出的用于分析和规划质量与顾客满意度的工具。该模型提出3种质量：当然质量、期望质量和迷人质量。当然质量是指产品或服务本身自带的质量，即应该有的质量；期望质量指顾客对产品或服务的具体质量要求，该质量会影响顾客的满意度；迷人质量指顾客没有想到的，而产品或服务具有的质量。KANO模型将产品或服务的质量分成不同类型，有助于企业

① 一般而言，KANO模型更多应用在产品质量管理中，本书为了知识的整体性与连续性，特将该模型一并整理出来。

获得不同类型的需求，进而帮助企业找到与顾客接近的方法，最后识别对顾客满意有影响的因素。KANO 模型 3 种质量的划分，为质量策划和改进指明了方向。

① 如果是当然质量，就要保证基本质量特性符合规格(标准)，实现满足顾客的基本要求，企业应集中在怎样降低故障出现率方面。

② 如果是期望质量，企业关心的就不是是否符合规格(标准)问题，而是怎样提高规格(标准)本身。不断提高质量特性，提供顾客喜爱的额外服务或产品功能，使其产品或服务优于竞争对手并有所不同，促进顾客满意度的提升。

③ 如果是迷人质量，则需要通过满足顾客潜在需求，使产品或服务达到意想不到的新质量。企业应关注的是如何在维持前两种质量的基础上，探究顾客需求，创造新产品和增加意想不到的新质量，为企业建立最忠实的客户群。

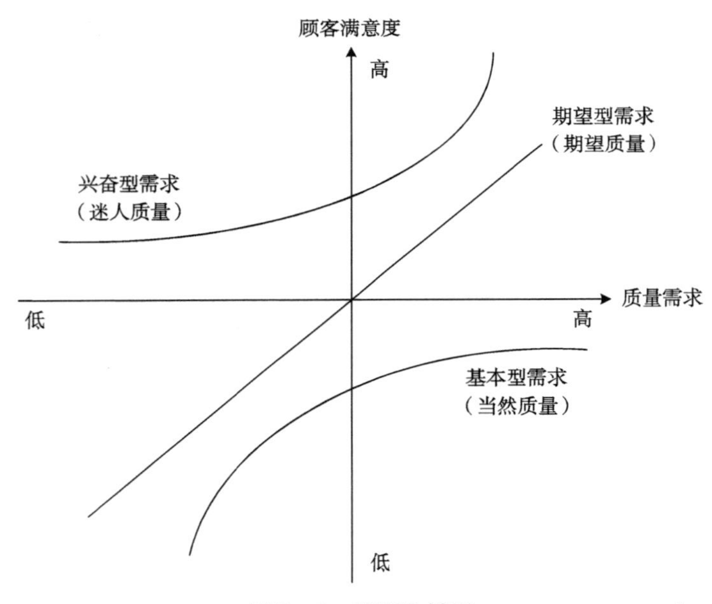

图 5－3　KANO 模型

2. SCSB 模型

SCSB 模型先筛选出 32 种规模最大的行业，再在最大的行业中选取 100 多家公司作为顾客满意度调查的样本，然后收集数据并整理，最后进行模型检验。SCSB 模型共有 5 个结构变量：顾客预期、感知价值、顾客满意度、顾客抱怨和顾客忠诚，其中顾客预期是外生变量，感知价值、顾客满意度、顾客抱怨和顾客忠诚是内生变量，如图 5－4 所示。

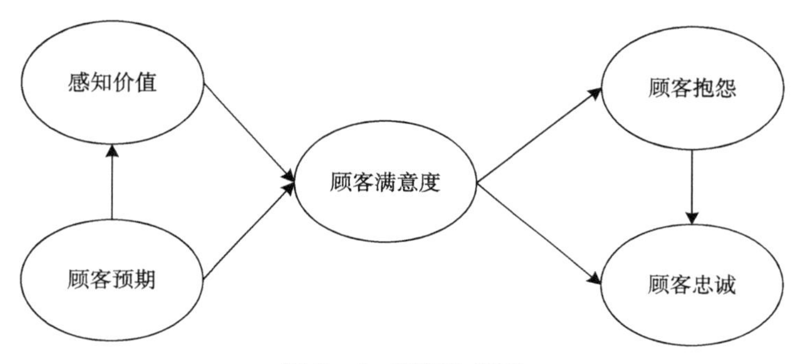

图 5－4　SCSB 模型

SCSB 模型的前导变量有两个：顾客对产品或服务的预期；顾客对产品或服务的价值感知。满意度的结果变量是顾客抱怨和顾客忠诚度。顾客忠诚度是模型中最终的因变量，因为它可以作为顾客保留和企业利润的指示器。

① 顾客预期指顾客对商品或者服务的主观感受而非客观的观点。

② 感知价值指顾客对商品或服务的质量与价格进行比较后心中的想法。

③ 顾客抱怨是指顾客对提供的产品或服务的不满，如果顾客抱怨到顾客忠诚结果为正，则说明企业已妥善处理顾客的抱怨，顾客对企业由不满转变为满意，会再次消费；如果结果为负，则说明企业将失去此位顾客。

④ 顾客忠诚是顾客满意的结果，说明顾客对企业有好感，有重复消费意愿。

进一步分析，感知价值、顾客预期和顾客满意度三者之间存在正相关的关系，即其中一种因素增加，也会引起另一种因素的增加。

3. ACSI 模型

ACSI 模型是在 SCSB 模型的基础上构建起来的，如图 5－5 所示。该模型的主要创新之处在于增加了一个潜在变量——感知质量（如果去掉感知质量及与其相关的路径，ACSI 模型几乎可以完全还原为 SCSB 模型）。感知质量细分为服务感知质量和产品感知质量两类。增加感知质量这一概念和相关的路径有两大优势：一是通过质量的 3 个标识变量，可以清楚地知道定制化和可靠性在决定顾客的感知质量中所起的不同作用；二是感知质量侧重于单纯的质量评判，而感知价值偏重于价格因素方面的评判，通过比较它们对顾客满意的影响，可以比较明确地分辨出顾客满意的源头出自何处，是质量制胜还是成本领先，指导管理者采取相应的管理措施。

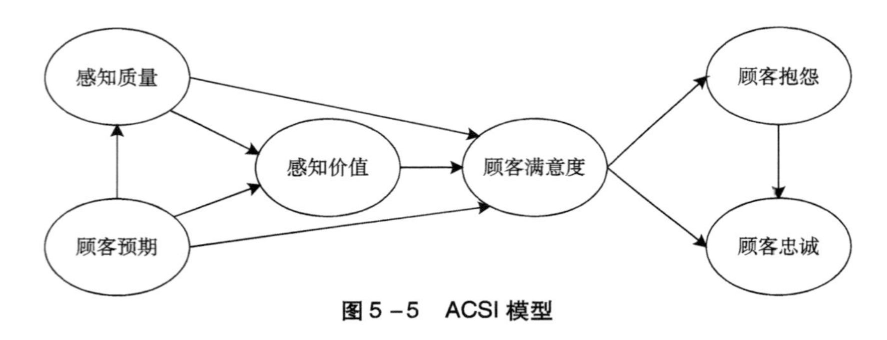

图 5－5　ACSI 模型

ACSI 模型是由感知质量、顾客预期、感知价值、顾客抱怨、顾客忠诚 5 种变量组成，其变量选择是以消费者行为理论为基础的。感知质量、顾客预期、感知价值是前因变量，其余是顾客满意度的结果变量。

① 感知质量指顾客消费后对提供产品或服务质量的评价，包括顾客化质量、可靠性质量和总体质量。

② 顾客预期是指顾客在消费该产品之前对该产品或服务的期待价值。

③ 感知价值则是感知质量与顾客预期的差值，即获得的大于或小于该差值的部分价值。

④ 顾客抱怨与顾客忠诚体现出顾客对产品或服务的一种满意或不满意所产生的心理状态。其中，感知质量、顾客预期属于显性要素，感知价值属于隐形要素；而顾客抱怨与顾客忠诚则是顾客满意度的结果变量。该模型科学地利用了顾客的消费认知过程，将总体满意度置于一个相互影响、相互关联的因果互动系统中。该模型后来也成为美国政府部门对其公共服务进行顾客（公众）评价的主要方式。

4. ECSI 模型

ECSI 模型（图 5 –6）继承了 ACSI 模型的基本架构和核心概念，如顾客期望、感知质量、感知价值、顾客满意度及顾客忠诚，但又对 ACSI 进行了修正，主要表现为以下 3 方面。

① 去掉了 ACSI 模型中顾客抱怨这个潜在变量。因为许多国家的顾客投诉系统已经比较完备。

② 增加了一个潜在变量——企业形象。它是指顾客记忆中与组织有关的联想，这些联想会影响人们对期望值及满意度的评价。它主要包括企业在业界的名声、企业道德、品牌、社会责任感等。

③ 在该模型中，感知质量被拆分为感知硬件质量和感知软件质量两个变量。感知硬件质量指产品或服务本身的质量，而感知软件质量指外延出的质量（如服务质量等）。

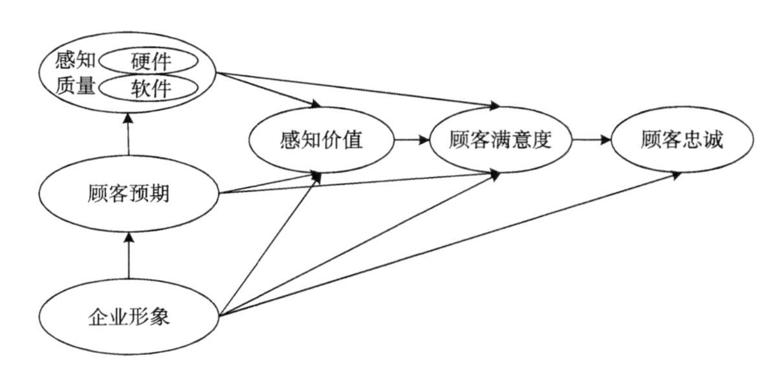

图 5 –6　ECSI 模型

在模型的度量上，ACSI 模型从 1996 年以后才针对耐用品类商品分别测度其产品质量和服务质量。但是 ECSI 模型在针对所有行业的测评中，都将感知质量统一拆分为针对产品的质量评判和针对服务的质量评判。

5. CCSI 模型

我国于 20 世纪 90 年代后期启动了顾客满意度指数的测评工作。1995 年由清华大学赵平教授将顾客满意度这一概念引入我国，并开始进行系统性研究分析。1998 年，由当时国家质量技术监督局委托清华大学经济管理学院组织开展在中国建立用户满意度指数的研究工作。2000 年，由国家质量监督检验检疫总局和清华大学中国企业研究中心共同承担了国家“软课题”研究项目“中国用户满意度指数构建方法研究”，为在我国建立国家级用户满意度指数奠定了基础，此项目在 2002 年 7 月通过了由国家科技部组织的专家成果鉴定会。

CCSI 是在学习借鉴 ACSI 的基础上，根据中国国情对模型结构和测评指标体系进行必要的改造后而建立起来的具有中国特色的质量测评方法，并且我国一些地区和某些行业也在积极实施 CSI 测评工作。CCSI 如图 5 –7 所示。

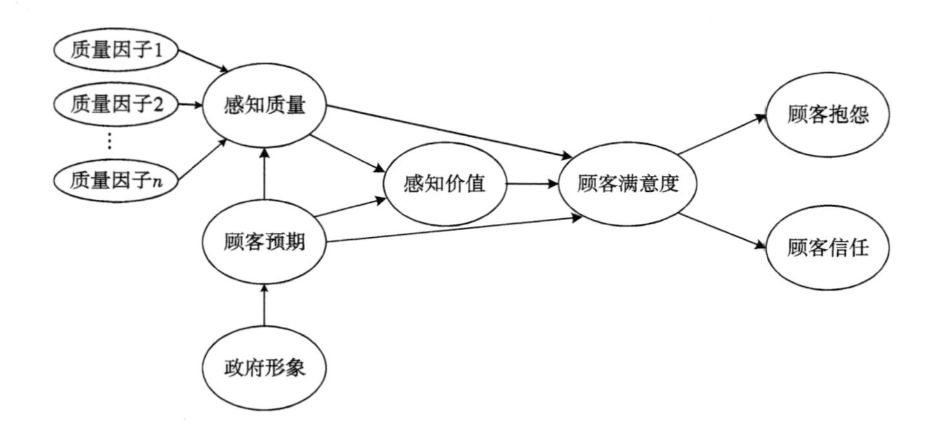

图 5 –7　CCSI 模型

通过比较可以发现，CCSI 模型在 ACSI 模型的基础上新增了影响感知质量的因子(包括个人偏好、满足需求、服务质量等)分析，以及对于关系到顾客预期的政府形象两类因素变量，而考虑到我国的具体国情(政府部门的垄断性)，故将顾客忠诚改成为顾客信任，因为顾客忠诚应用在市场行为体现为“再次购买的可能性”，顾客信任体现为公众对政府再次提供公共服务的期待及满意程度。因此，尽管 CCSI 模型在结构上与 ACSI 模型相似，但其更加细节化和具体化。

已出现的顾客满意度模型都大相径庭，SCSB 模型、ACSI 模型和 ECSI 模型三者均探索因素之间的关系，以提升企业发展。KANO 模型与上述 3 个模型略有不同，KANO 模型用于帮助企业寻找影响顾客满意度的切入点，由满意度和重要度入手，只能作为前期工作的辅助模型。随着新公共管理运动的兴起和公民社会的来临，各国政府越来越重视公众的感受和评价。美国、欧盟、澳大利亚等纷纷借鉴 ACSI 模型，将其改进后引入公共部门，如美国政府绩效评价逻辑模型等。我国的 CSI 测评体系构建较晚，主要应用在商品质量和服务评价等私人产品领域。近年来，随着我国绩效预算改革步伐的加快，顾客满意度理论在公共产品与服务供给效率评价领域得到了越来越广泛的应用。

5.2.3　国内研究现状

顾客满意度模型是目前许多国家积极开展研究和使用的一种新宏观经济指标和质量评价指标。尤建新(2004)提出公众满意度可以促进行政管理理念的转变；朱国玮等(2004)以案例的形式提出服务型政府就是要关注公众对其满意的程度；刘武(2006)提出行政服务中心满意度指数(CPSSI)模型构建，分析了公共服务满意度的前置因素和后果；李闻一(2011)建立了农村公共基础设施农民满意度模型，加入农村公共工程形象原因变量，使得该模型在农村基础设施项目评价中得到应用；赵燕(2012)将我国幸福感研究 20 年来的发展历程划分为两个阶段：第一个阶段为引进和借鉴阶段，第二个阶段为本土化研究阶段；郑方辉（2012）指出幸福指数是衡量社会和谐发展的重要指标；张权（2018）认为在提供公共产品与服务时，应提供符合各地区社会公众真正需要的公共品和公共服务，还要注重采用新技术、新工艺、新材料等提高政府公共产品与服务供给效率。

以上是顾客满意度理论相关研究的现状，可见国内专家学者更多的是从宏观角度进行满意度理论的阐释，而进行农村基础设施政府角色定位满意度测评研究的较少。更多的关注点在于农村基础设施满意度影响因素的实证研究。如樊丽明等（2009）依据山东省 214 个村的 670 份调查问卷所得到的调查数据，实证分析了农民对农村基础设施的满意度及其影响因素的作用大小问题。从调研结果来看，农民对灌溉和环保这两种基础设施的满意度较低。根据结构方程模型的估计结果，可以得知农民收入增长越慢、村庄的类型越优越、村庄距离县城的距离越短、基础设施的价格越低、基础设施的供需缺口越小、农民家庭结构越先进，以及与其他村的基础设施进行比较而得到的优越感越强，农民的满意度就会越高，而其中影响力最大的就是比较而来的优越感，说明农村基础设施建设不仅“患寡”，更“患不均”。同时发现农村基础设施随时间发生的改良并不会显著影响农民的满意度，说明“忆苦思甜”的心理状态在农村并不普遍。

朱玉春等（2010）对 1571 户农民进行调查后明确指出，由政府提供的农村公共产品衡量是否达到预先设定的目标，最直接可行的评估准则就是审查是否基于农民的视角。文章采用有序 Prboit 模型分析影响因素，认为对乡镇政府与农民的参与和满意度评价是一个重要的指标。农民的年龄层次、教育水平、干部经验、对政策的态度等，都是农民参与农村公共产品供给研究的影响因素。

唐娟莉等（2010）基于实地调研数据，采用因子分析法和二元离散选择模型，对农村公共服务满意度及其影响因素进行了实证研究。研究结果表明，农民满意度的影响主要来自道路、基础教育、医疗、农田水利设施、饮水设施、政府信用度、生活垃圾处理、年龄、村务收支状况等；农民人均年收入、文化娱乐对农民满意度有一定的影响，但影响不大；农业科技推广与培训、农村清洁能源对农民满意度影响较小；农民满意度基本上不受被调查者性别、文化程度、家庭成员数等变量的影响；农民对农村公共服务的需求具有一定的层次性和阶段性，而农民满意度根据其需求状况具有一定的次序性。

朱玉春等（2010）利用西北五省40个县（市）的实地调研数据，采用因子分析法和二元离散选择模型，对农村公共产品投资满意度影响因素进行了实证研究。结果表明，农民满意度的影响主要来自道路、基础教育、医疗、农田水利设施、饮水设施、公共产品供给、农民参与情况、农民对村委会的评价、农民对政府的评价等；农民对农村公共产品的需求具有一定的层次性和阶段性，而农民满意度根据其需求状况具有一定的次序性。

袁建华等（2010）利用山东省农村公共投资满意度的实地调研数据，借鉴国内外满意度理论研究的成果和测评方法，进行了农村公共投资满意度敏感度分析。其研究结果表明，农民对通信状况、供电服务等硬件方面的投资满意度较高，而对图书馆服务、技术服务等软件方面的投资满意度较低。同时，建议政府今后在技术服务、休闲娱乐和社会保障等方面适当加大投资。

李学婷等（2013）对华中地区的湖北省荆州市岑河镇农村基础设施建设的现状、农民对现有农村基础设施的满意度进行分析。研究结果表明：①岑河镇的能源动力类、生活用水类、交通运输类、通信类基础设施现状良好，而农田水利和文化娱乐基础设施还有待改善；②农民对供电设施、生活用水设施、道路设施、通信设施、卫生医疗设施满意度较高，对农田水利设施、文化娱乐设施和垃圾、污水处理设施的满意度较低；③农民对农村基础设施的总体满意度主要受4个因素的影响，依次为卫生医疗设施、农田水利设施、文化娱乐设施、能源及交通设施。

李闻一等(2011)基于ACSI模型，从农村公共工程形象、农民期望、感知质量、感知价值、农民满意度、农民抱怨和农民信任等方面构建了农村公共基础设施农民满意度绩效评价模型及评价指标体系。该模型的构建不仅有利于了解农民对农村公共基础设施建设的满意度，更有利于社会主义新农村的建设。

田颖等(2013)对陕西省农村地区的基础设施建设进行实地调查、走访，选取了陕西省关中、陕南和陕北地区的35个农村作为样本，基于实地调研数据，采用描述性分析方法，对农村基础设施建设满意度和优先顺序进行了抽样调查，分析了目前影响农村基础设施建设满意度的主要因素。

李闻一(2015)在对ACSI模型进行完善的基础上，形成了农村公共基础设施农民满意度的评价模型和指标。然后，以武汉市为例，运用模糊综合评价法对农村公共基础设施农民满意度进行了评价。结果显示，尽管从总体上看，武汉市农村公共基础设施的农民满意度比较好，但令人非常满意的比例并不高。最后，从构建我国农村公共基础设施管理模式、农村公共基础设施融资模式、尊重农民需求和建立农村公共基础设施项目信息披露机制等方面，探讨了提高我国农村公共基础设施农民满意度的相关途径。

郑生钦等(2016)对山东省农村地区的基础设施进行实地调查，基于获得的调查数据，运用结构方程模型分析了农民对基础设施的满意度。研究发现，农民对农村基础设施满意度的评价主要由5种因素组成，按满意度由大到小排序依次是生产性设施、饮用水电设施、环境与服务设施、基本出行设施和文化娱乐设施。研究结果有利于掌握农民对农村基础设施的偏好，为政府有针对性地改善农村基础设施建设、促进新农村建设具有十分重要的理论价值与现实意义。

综观现有文献，学术界已经从理论和实践两方面初步建立了公共产品与服务供给效率的社会公众评价体系。但也存在评价范围过于狭窄，仅以一种或几种公共产品与服务供给效率作为评价对象的缺陷，以及缺少对诸如性别、年龄、婚姻、收入、职业等社会公众个体特征变量对满意度评价影响的研究。而后者恰恰体现了社会的多元化和需求的差异性，这也是当下我国农村公共产品与服务精准化供给的关键所在。因此，本书基于公共产品与服务的范畴，利用改进的ACSI模型，对政府提供公共产品与服务供给效率进行社会公众的满意度评价。

5.3　模糊综合评价法

5.3.1　模糊综合评价法的思想渊源

1965年，美国加州大学伯克利分校教授、自动控制专家Zadeh(扎德)发表了文章《模糊集》[①]，第一次成功地运用精确的数学方法描述了模糊概念，从而宣告了模糊数学的诞生。从此，模糊现象进入了人类科学研究的领域。

模糊数学的产生把数学的应用范围从精确现象扩大到模糊现象的领域，以处理复杂的系统问题。模糊数学不是把已经很精确的数学变得模糊，而是用精确的数学方法来处理过去无法用数学描述的模糊事物。从某种意义上来说，模糊数学是架在形式化思维和复杂系统之间的一座桥梁，通过它可以把多年积累起来的形式化思维，也就是精确数学的一系列成果，应用到复杂系统中去。

模糊数学着重研究“认知不确定”一类的问题，其研究对象具有“内涵明

① Zadeh L. A，1965. Fuzzy Sets，Information and Control，(8)：338 -353.

确，外延不明确”的特点。我们知道，一个事物往往需要用多个指标刻画其本质与特征，并且人们对一个事物的评价又往往不是简单的好与不好，而是采用模糊语言分为不同程度的评语。由于评价等级之间的关系是模糊的，没有绝对明确的界限，因此具有模糊性。显而易见，对于这类模糊评价问题，利用经典的评价方法是不合理的。

模糊综合评价是借助模糊数学的一些概念，对实际的综合评价问题提供一些评价的方法。具体地说，模糊综合评价就是以模糊数学为基础，应用模糊关系合成的原理，将一些边界不清、不易定量的因素定量化，针对多个因素对被评价事物隶属等级状况进行综合性评价的一种方法。

5.3.2 模糊综合评价法原理

应用模糊集合论方法对决策活动所涉及的人、物、事、方案等进行多因素、多目标的评价和判断，就是模糊综合评判。它最早是由我国学者汪培庄提出的。其基本原理是：首先确定被评判对象的因素（指标）集和评价（等级）集；其次分别确定各个因素的权重及它们的隶属度向量，获得模糊评判矩阵；最后把模糊评判矩阵与因素的权重向量进行模糊运算并进行归一化，得到模糊评价综合结果。它具有结果明确、系统性强的特点，能较好地解决模糊的、难以量化的问题，适合各种非确定性问题的解决。

5.3.3 模糊综合评价法的实施步骤

一般而言，模糊综合评价法共有以下 5 个步骤。

（1）确定评价对象的因素集

设 $\boldsymbol{U}=\{u_1, u_2, \cdots, u_m\}$ 为刻画被评价对象的 m 种评价因素（评价指标）。其中 m 是评价因素的个数，由具体的指标体系所决定。为便于权重分配和评议，可以按评价因素的属性将评价因素分成若干类，把每一类都视为单一评价因素，并称为第一级评价因素。第一级评价因素可以设置下属的第二级评价因素，第二级评价因素又可以设置下属的第三级评价因素，依此类推。

（2）确定评价对象的评语集

设 $V=\{v_1, v_2, \cdots, v_n\}$ 为评价者对被评价对象可能做出的各种总的评价结果组成的评语等级的集合。

其中 v_j 代表第 j 个评价结果（$j=1, 2, \cdots, n$，其中 n 为总的评价结果数）。

（3）确定评价因素的权重向量

设 $A=(a_1, a_2, \cdots, a_m)$ 为权重（权数）分配模糊矢量，其中 a_i 表示第 i 个因素的权重，要求 $a_i \geqslant 0$，$\sum a_i=1$。

A 反映了各因素的重要程度，在进行模糊综合评价时，权重对最终的评价结果会产生很大的影响，使用不同的权重进行评价有时会得到完全不同的结论。

（4）进行单因素模糊评价，确立模糊关系矩阵 R

单独从一个因素出发进行评价，以确定评价对象对评价集合 B 的隶属程度，称为单因素模糊评价（One-way Evaluation）。

在构造了等级模糊子集后，就要逐一对被评价对象从每个因素 u_i 上进行量化，也就是确定从单因素来看被评价对象对各等级模糊子集的隶属度，进而得到模糊关系矩阵。

$$R=\begin{pmatrix} r_{11} & r_{12} & \cdots & r_{1n} \\ r_{21} & r_{22} & \cdots & r_{2n} \\ \vdots & \vdots & \ddots & \vdots \\ r_{m1} & r_{m2} & \cdots & r_{mn} \end{pmatrix}$$

其中 r_{ij} 表示某个被评价对象从因素 u_i 来看对等级模糊子集 v_j 的隶属度。一个被评价对象在某个因素 u_i 方面的表现是通过模糊矢量 r_i 来刻画的，r_i 称为单因素评价矩阵，可以看作是因素集 U 和评价集 V 之间的一种模糊关系，即影响因素与评价对象之间的“合理关系”。

（5）多指标综合评价（合成模糊综合评价结果矢量）

利用合适的模糊合成算子，将模糊权矢量 A 与模糊关系矩阵 R 合成，得到各被评价对象的模糊综合评价结果矢量 B。

模糊综合评价的模型为：

$$B = A \times R = (a_1, a_2, \cdots, a_m)\begin{pmatrix} r_{11} & r_{12} & \cdots & r_{1n} \\ r_{21} & r_{22} & \cdots & r_{2n} \\ \vdots & \vdots & \ddots & \vdots \\ r_{m1} & r_{m2} & \cdots & r_{mn} \end{pmatrix}$$

$$= (b_1, b_2, \cdots, b_n)$$

图 5－8 所示为模糊综合评价法的实施步骤。

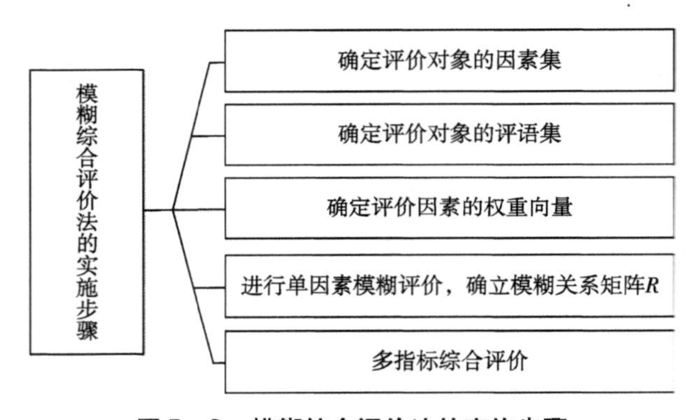

图 5－8　模糊综合评价法的实施步骤

5.4　改进的ACSI模型

5.4.1　模型构建

根据上述原则，在美国顾客满意指数（ACSI）模型的基础上，结合前人的研究成果，本研究构建了一套三级政府角色定位满意度指标体系，主要包括：政府角色定位满意度 S 为一级指标；农民期望 S_1、农民评价 S_2、农民满意度 S_3、农民信任 S_4 和农村公共工程形象 S_5 为二级指标；根据5个不同的二级指标的内涵和政府角色定位满意度的实际需要，本研究在5个二级指标中共选择15个三级指标作为测量政府角色定位满意度的指标，该指标体系作为调查问卷中的具体问题，通过实地调查获得一手数据。

从基本框架来看，本研究构建的农村基础设施政府角色定位满意度模型与ACSI并无太大的差异，仍遵循“前提变量－目标变量－结果变量”这一逻辑顺序。其中农村公共工程形象、农民期望、农民评价是农民满意度的前提变量，农民满意度是目标变量，农民信任是农民满意度的结果变量。

图5－9所示为根据ACSI模型构建的农村基础设施政府角色定位满意度模型。

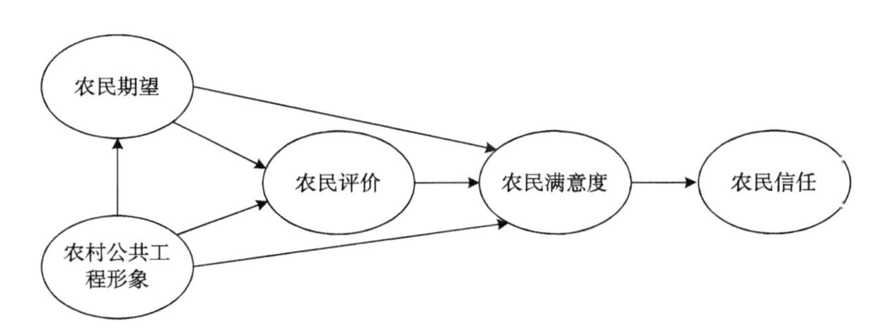

图5－9　改进的ACSI模型

5.4.2 评价指标体系的建立

根据上述农村基础设施政府角色定位满意度模型，可以将其分解为一个评价指标体系，见表5.2。最底层为观测变量，上一层为潜变量。因为上述模型的所有变量均为潜变量，必须经过层层分解转化为观测变量，否则无法直接观测，每个观测变量都是相应潜变量的指标。这个评价指标体系应结合农村实际情况进行设计。

表5.2 政府角色定位满意度评价指标体系

一级指标	二级指标	三级指标
政府角色定位满意度测评 S	农民期望 S_1	对政府提供农村基础设施的总体期望 S_{11}
		对政府提供农村基础设施可靠性的期望 S_{12}
		对政府提供基础设施满足农村需求程度的期望 S_{13}
	农民评价 S_2	对政府提供农村基础设施质量感知 S_{21}
		对政府提供农村基础设施满足农村需求的评价 S_{22}
		对政府提供农村基础设施稳定性的评价 S_{23}
		对获取政府提供农村基础设施简易程度的评价 S_{24}
		对政府提供农村基础设施受益程度的评价 S_{25}
	农民满意度 S_3	对政府提供农村基础设施总体满意度 S_{31}
		对政府提供农村基础设施期望与感知差距 S_{32}
	农民信任 S_4	对政府提供农村基础设施的支持程度 S_{41}
		对政府提供农村基础设施动机的信任 S_{42}
		对政府提供农村基础设施能力的信任 S_{43}
	农村公共工程形象 S_5	对农村公共工程形象的总体评价 S_{51}
		对农村公共工程形象期望与感知差距 S_{52}

5.5　实证研究

5.5.1　样本及数据来源

本研究对河南省焦作市、新乡市、平顶山市、巩义市、信阳市等地20个村进行实地调查，累计发放1000份问卷，收回问卷978份，除有未填项目的问卷和明显随意填答的问卷，得到有效问卷964份。此外，还对部分农民进行了深度调查。具体调查样本描述与分析见表5.3。

问卷调查采用常用方法——李克特五点量表法，即要求接受问卷调查者在回答每一项问题时，根据自身情况并结合农村实际，按照对各类基础设施供给的满意程度在“非常满意”“比较满意”“一般”“不太满意”“很不满意”中做唯一选择并进行填答[①]。

表5.3　调查样本描述与分析

变　量	描　述	参与人数	比例(%)
性　别	男	544	56.43
	女	420	43.57
年　龄	18～40岁	398	41.29
	40～60岁	534	55.39
	60岁以上	32	3.32

① 针对满意度调查典型设问的选择，Easterlin(2001)进行美国自1972年以来实施的一般社会调查(General Social Survey，GSS)中的问题，“总的来说，这些天您是感到非常幸福、比较幸福，还是很不幸福”，Hayo and Seifert(2003)提出“总的来说，您对自己的生活是非常满意、不很满意，还是完全不满意”，彭代彦等(2010)提出“总的来说，您对自己的生活满意、不好说、不满意”等提法。本书采用的是应用较多的李克特五点量表法，特此说明。

续表

变　量	描　述	参与人数	比例(%)
教育程度	小学及以下	545	56.54
	初　中	356	36.93
	高中(中专)	52	5.39
	大专及以上	11	1.14
收入来源	务　农	448	46.47
	外出打工	395	40.98
	经　商	99	10.27
	无劳动能力	22	2.28

本部分在上述指标的基础上，运用实地调查数据，对河南省农村基础设施投资政府角色定位满意度进行评价。

5.5.2 模糊综合评价法计算

评价分析数据使用项目组实地问卷调查得到的相关数据。

1. 权重的确立

在综合考虑指标的选择、数据的获取、各指标之间关系等方面原因后，本研究采用问卷调查法确定各指标的权重。在综合有关被调查者意见的基础上，本模型最终权重确定结果如下。

$A=(0.20\quad 0.10\quad 0.35\quad 0.15\quad 0.20)$

$A_1=(0.40\quad 0.35\quad 0.25)$

$A_2=(0.10\quad 0.20\quad 0.20\quad 0.35\quad 0.15)$

$A_3=(0.50\quad 0.50)$

$A_4=(0.40\quad 0.30\quad 0.30)$

$A_5=(0.50\quad 0.50)$

式中：A——政府角色定位满意度权重；

A_1——农民期望权重；

A_2——农民评价权重；

A_3——农民满意权重；

A_4——农民信任权重；

A_5——农民公共工程形象权重。

需要指出的是，这里所确定的权重是各元素相对于其上一层次元素的相对重要性权值。这些权值确立的依据有以下几点：首先，我国目前农村基础设施的首要问题是解决农民对农村基础设施的形象评价和满意度，尤其是农民对农村基础设施的形象评价，因此农民对农村基础设施期望问题的权重和公共工程形象权重较大；其次，由于增加农村基础设施主要是解决农民的现实问题，满意度就成为相当重要的措施，所以它的权重相对而言最大；最后，由于质量和价值要在一段时期之后才能体现，所以农村评价的比重就相对较小。

2. 模糊判断矩阵的确定

根据指标的具体内容对各指标进行评价，并给出各指标的评价集 R_i（$i=1, 2, \cdots, 5$）。

$$R_1=\begin{bmatrix}0.30 & 0.25 & 0.25 & 0.10 & 0.10\\ 0.15 & 0.20 & 0.30 & 0.25 & 0.10\\ 0.10 & 0.15 & 0.40 & 0.30 & 0.15\end{bmatrix}$$

$$R_2=\begin{bmatrix}0.10 & 0.35 & 0.20 & 0.20 & 0.15\\ 0.15 & 0.20 & 0.30 & 0.25 & 0.10\\ 0.10 & 0.15 & 0.40 & 0.30 & 0.15\\ 0.05 & 0.25 & 0.35 & 0.20 & 0.15\\ 0.25 & 0.10 & 0.35 & 0.20 & 0.20\end{bmatrix}$$

$$R_3=\begin{bmatrix}0.35 & 0.20 & 0.20 & 0.15 & 0.10\\ 0.20 & 0.25 & 0.20 & 0.25 & 0.10\end{bmatrix}$$

$$R_4=\begin{bmatrix}0.10 & 0.25 & 0.35 & 0.20 & 0.10\\ 0.15 & 0.25 & 0.30 & 0.25 & 0.10\\ 0.05 & 0.25 & 0.30 & 0.30 & 0.10\end{bmatrix}$$

$$R_5=\begin{bmatrix}0.20 & 0.35 & 0.15 & 0.20 & 0.10\\ 0.30 & 0.25 & 0.10 & 0.25 & 0.10\end{bmatrix}$$

3. 综合评价

将上述确立的权重和构建的单因素模糊评价判断矩阵相乘，进行如下的综合评价，即

$$\begin{aligned}B_i &= A_i \times R_i\\ &= (b_{i1},\ b_{i2},\ b_{i3},\ b_{i4},\ b_{i5})\ (i=1,\ 2,\ \cdots,\ 5)\end{aligned}$$

依据该公式，计算得出：

$B_1=A_1\times R_1=(0.1975\quad 0.2075\quad 0.305\quad 0.2025\quad 0.1125)$

$B_2=A_2\times R_2=(0.115\quad 0.2075\quad 0.335\quad 0.23\quad 0.1475)$

$B_3=A_3\times R_3=(0.275\quad 0.225\quad 0.2\quad 0.2\quad 0.1)$

$B_4=A_4\times R_4=(0.1\quad 0.25\quad 0.32\quad 0.245\quad 0.1)$

$B_5=A_5\times R_5=(0.25\quad 0.3\quad 0.125\quad 0.225\quad 0.1)$

继而计算出：

$$B=A\times R=(0.20\quad 0.10\quad 0.35\quad 0.15\quad 0.20)\times\begin{bmatrix}0.1975 & 0.2075 & 0.305 & 0.2025 & 0.1125\\ 0.1150 & 0.2075 & 0.335 & 0.2300 & 0.1475\\ 0.2750 & 0.2250 & 0.200 & 0.2000 & 0.1000\\ 0.1000 & 0.2500 & 0.320 & 0.2450 & 0.1000\\ 0.2500 & 0.3000 & 0.125 & 0.2250 & 0.1000\end{bmatrix}$$

最终计算出：

B =(0. 21225　0. 2385　0. 2375　0. 21525　0. 10725)

归一化处理后，政府角色定位满意度指数为：

B' =(0. 2100　0. 2360　0. 2350　0. 2130　0. 1060)

4. 评价结果

上述计算结果表明，河南省农村基础设施投资政府角色定位满意度总体而言是较好的，“非常满意”为21. 00%、“比较满意”为23. 60%、“一般”为23. 50%、“不太满意”为21. 30%、“很不满意”为10. 60%。

以上是本研究对河南省典型村庄进行的政府角色定位满意度测评工作。其测评结果表明，河南省农村基础设施投资农民对政府角色定位满意度总体评价较高。但需要强调的是，农民非常满意的仅占受访对象的1/4，这也说明尽管从总体上看，河南省农村基础设施投资政府角色定位满意度比较好，但令人“非常满意”的比例并不高。这个结论从侧面验证了我国农村基础设施投资存在问题。究其根本原因，还在于农民需求偏好表达机制欠缺。

本章小结

本章主要进行了政府角色定位满意度测评研究，具体包括5部分内容。首先，简要介绍了满意和顾客满意度的概念，着重阐释了政府角色定位满意度的概念和特点。其次，系统梳理了顾客满意度理论模型的发展脉络，在此基础上介绍了KANO模型、SCSB模型、ACSI模型、ECSI模型和CCSI模型等经典模型的主要内容。同时，进行了国内研究现状的简单梳理工作。再次，从思想渊源、原理和实施步骤这3个方面，全面总结了模糊综合评价法的思想及其原理；进而构建出政进的 ACSI 模型，建立了一套三级农村基础设施政府角色定位满意度评价指标体系，主要包括：政府角色定位满意度 S 为一级指标；农民期望 S_1、农民评价 S_2、农民满意度 S_3、农民信任 S_4 和农村公共工程形象 S_5 为二级指标。最后，在以上研究的基础上，选取河南省焦作市、新乡市、平顶山市、巩义市、信阳市等地共 20 个村进行实证研究，累计发放 1000 份问卷，收回有效问卷 964 份，问卷调查采用李克特五点量表法，运用模糊综合评价法进行了政府角色定位满意度测评。研究结果表明，河南省农村基础设施投资政府角色定位满意度总体较好。

第六章

案例分析

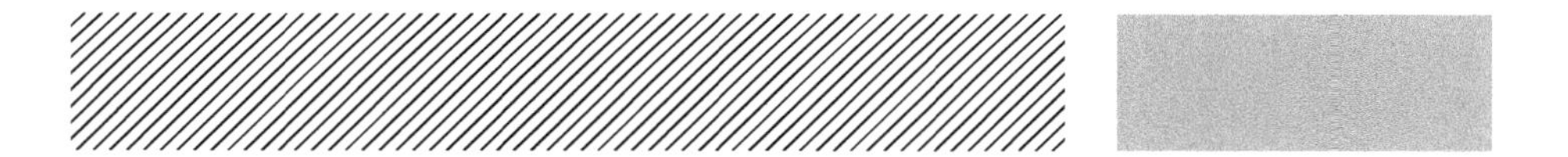

在以上研究基础上，本章选取河南省农村基础设施投资建设进行案例研究，主要采用问卷调查与入户访谈相结合的方式，进行农村道路、生活用水、用电设施、农田水利设施、通信设施、卫生医疗设施、文化娱乐设施以及基础教育设施等8类农村基础设施建设的意愿调查，主要包括：农民对农村基础设施投资建设的满意度；农民对农村基础设施投资建设的意愿等。

6.1 河南省农村基础设施简介

近些年来，河南省加大了对农村基础设施建设的投入，其资金重点投向了农村道路、电力等基础设施建设领域，使全省的农村面貌发生了深刻变化，有力地促进了社会主义新农村建设。表6.1表明2000—2016年来河南省农村基础设施建设的情况，也从侧面说明了近十几年来河南省农村基础设施投资建设情况较好。

表6.1 河南农村基础设施建设情况表

项目	村民委员会（个）	自来水受益村数		通汽车村数（个）	通电话村数（个）	通有限电视村数		通宽带村数	
		个数（个）	比例（%）			个数（个）	比例（%）	个数（个）	比例（%）
2000年	48206	13252	27.49	44593	48062	—	—	—	—
2010年	47311	26329	55.65	47818	47839	—	—	—	—
2011年	47347	28214	59.59	47647	47687	—	—	—	—
2012年	47140	29882	63.39	47675	47687	—	—	—	—

续表

项目	村民委员会（个）	自来水受益村数		通汽车村数（个）	通电话村数（个）	通有限电视村数		通宽带村数	
		个数（个）	比例（%）			个数（个）	比例（%）	个数（个）	比例（%）
2013 年	46997	31284	66.57	47039	47044	—	—	—	—
2014 年	46938	33797	72.00	—	—	43194	92.02	45764	97.50
2015 年	46115	36528	79.21	—	—	43591	94.53	46079	99.92
2016 年	46831	38098	81.35	—	—	44001	93.96	46252	98.76

数据来源：《河南统计年鉴》《河南农村统计年鉴》《河南调查年鉴》。

注：2000—2009 年数据略；村民委员会个数为民政部门数据。

但由于种种原因，河南农村的基础设施建设仍显脆弱，运营维护效果较差，还存在如道路等级低、电网不稳定、水利设施不完善、环境卫生较差、饮用水不安全等问题，农民对政府角色定位满意度评价不高。可见，加大资金投入和补助力度并不是农村基础设施建设的全部，今后应着重做好吸引相关的社会资本、完善相关的法律保障、合理确立农民需求偏好表达机制等工作。

6.2 数据来源及样本分析

6.2.1 数据来源

本书所用数据资料均来源于 2015 年暑期对河南省焦作市修武县农村所做的社会调查。累计发放 300 份问卷，收回问卷 294 份，除有未填项目的问卷和明显随意填答的问卷，得到有效问卷 288 份。此次调查采用问卷调查与入户访谈相结合的方式。

6.2.2　样本分析

本次问卷内容主要涵盖以下两个方面。一是农民个人基本情况、家庭基本情况、社区基本情况等背景资料调查。二是农民对农村基础设施投资建设的意愿情况，主要包括：①农民对农村基础设施投资建设的满意度；②农民对农村基础设施建设的意愿等内容。本次调查样本的描述与分析见表6.2。

表6.2　调查样本的描述与分析

变　量	描　述	参与人数(人)	比　例(%)
性　别	男	158	54.86
	女	130	45.14
年　龄	18～40岁	105	36.46
	40～60岁	156	54.17
	60岁以上	27	9.38
教育程度	小学及以下	101	35.07
	初　中	134	46.53
	高中(中专)	45	15.63
	大专及以上	8	2.78
收入来源	务　农	137	47.57
	外出打工	101	35.07
	经　商	43	14.93
	无劳动能力	7	2.43

6.3 河南省农村基础设施农民意愿调查

6.3.1 农村基础设施投资建设满意度调查

从调查情况看，农民对基础设施投资建设满意度普遍比较高。由表6.3可以看出：农民对本村的道路设施、生活用水设施、用电设施、通信设施及基础教育设施的满意度(注：非常满意和比较满意两项之和)均超过了60%。

表6.3 农民对基础设施投资建设情况满意度调查

单位:%

类　别	非常满意	比较满意	一般	不太满意	很不满意
道路设施	14.2	60.3	6.9	15.2	3.4
生活用水设施	28.4	42.3	16.5	9.7	3.1
用电设施	25.6	57.8	13.8	2.6	0.2
农田水利设施	12.1	42.5	20.4	14.9	10.1
通信设施	17.6	49.5	23.1	5.4	4.4
卫生医疗设施	12.2	47.2	17.5	19.7	3.4
文化娱乐设施	5.8	42.1	24.3	19.4	8.4
基础教育设施	11.8	50.4	24.4	12.3	1.1

1. 对道路设施、用电设施等的满意度分析

农民对各类农村基础设施总体满意度，如图6-1所示。

(1) 用电设施

在8类农村基础设施满意度调查中，用电设施的满意度最高，达到了

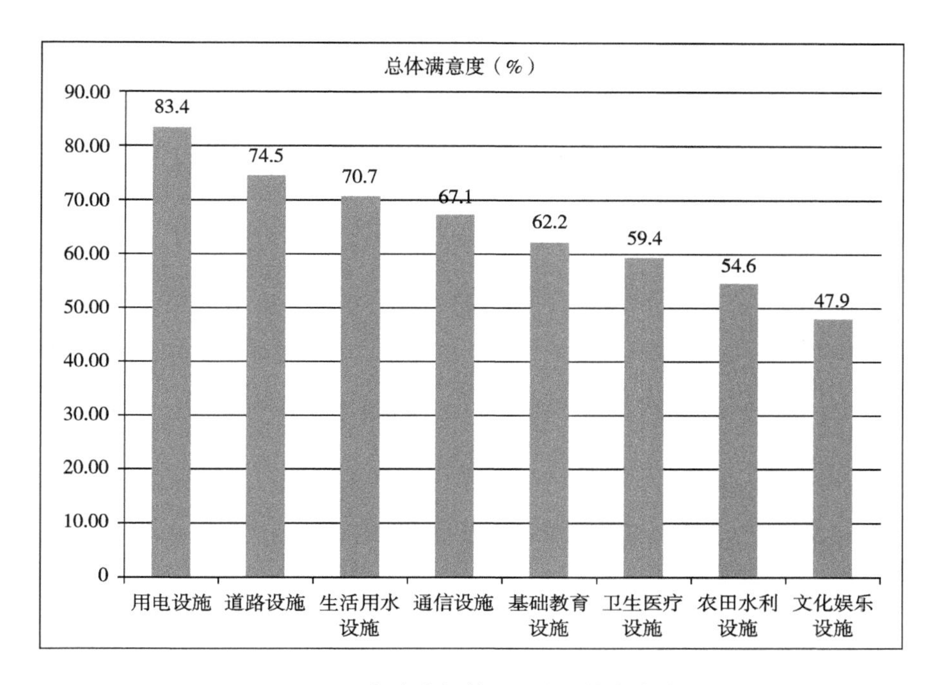

图6－1 各类农村基础设施总体满意度

注：总体满意度是指非常满意与比较满意两者之和，特此说明。

83.4%。农民用电满意度高与我国农村电力改革是分不开的。20世纪80年代开始的电力市场化改革加速了农村电力发展，在很大程度上缓解了农村用电难的问题。2014年，河南省农村电网用电量达1776亿千瓦时，占全省用电量的61%，农村电网拥有110千伏变电站556座、35千伏变电站1273座、10千伏配变21万台。河南省电网争取到国家追加河南省2015年农网改造升级中央预算资本金18亿元，配套向银行融资72亿元，合计投资90亿元，全年农网投资由年初计划的85亿元增加至175亿元，国家电网公司又进一步加大城镇电网建设投资力度，同意追加河南省城镇电网投入83亿元。至此，2015年共追加河南城乡电网投资173亿元，全年电网总投入达到420亿元。

（2）道路设施

农民对道路建设的满意度为74.5%。截至2017年年底，河南省农村道路总里程达23万千米，基本实现乡镇政府至所辖行政村有一条路况良好、符合等级要求的道路，"四好农村路"对农村经济社会发展的支撑作用明显增强。河南省已实现全省3825个贫困村通硬化路、通客车的目标，农村的交通条件发生了巨大变化，农村公路危桥数量逐年减少，路网通畅水平进一步提升，群众对"安全、快速、舒适"的出行需要与农村公路发展之间的矛盾得到有效缓解①。快速发展的农村道路，大大改善了农村交通条件，也大大改善了农民的生产和生活条件。在现场座谈中，参与访谈的农民反映农村道路建设投资是最重要的，也是最迫切的。

2. 对农村生活用水设施、通信设施及基础教育设施的满意度分析

农民对生活用水设施、通信设施及基础教育设施的满意度分别为70.7%、67.1%和62.2%。

（1）生活用水设施

河南省按照统筹城乡发展的要求，优化水资源配置，合理布局，采取城镇供水管网延伸或建设跨村、跨乡镇连片集中供水工程等方式，兴建适度观模的集中供水工程。对标准低、规模小、老化失修及水源变化等原因导致供水保证率低的已建农村供水工程，采取改造提升、配套完善等措施，提高供水保证率。加快建立完善水厂自检、县域巡检、卫生监督监测等相结合的水质保证体系。以济源市为例，一是自筹资金5000万元，开工建设了王屋山供水复线总干工程，铺设供水总干管17.6千米，强化水源调度；二是投资2200余万元，完成了冬春农田水利工程16项，新增蓄水10万立方米，新增饮水受益人口11.2万人，新增和改善灌溉面积11.8万亩；三是投资1200万元，实施了2014年财政统筹农田水利建设高效节水灌溉项目，在山区7个行政村实施地埋管道高效节水灌溉1.012万亩。

① 资料来源：河南省交通运输厅。

（2）通信设施

早在2009年9月30日，河南省已全部实现自然村“村村通电话”，受访对象对所在村庄的通信设施比较满意，这与政府的政策支持分不开，具体来看：创新农村电信基础设施建设项目融资模式，支持民间资本以资本入股、业务代理、网络代维等多种形式与基础电信企业开展合作，参与农村电信基础设施建设。加快推进农村宽带接入市场向民间资本开放试点工作，逐步深化、鼓励和引导民间资本开展农村宽带接入网络建设和业务运营。加快农村宽带网络建设，实施宽带乡村工程。引导基础电信企业展开公平竞争，指导和推动基础电信企业简化资费结构，切实提高农村宽带上网等业务的性价比，为农村贫困户提供更加优惠的资费方案，为发展“互联网+”提供有力支撑。落实全省宽带网络基础设施建设奖励资金，进一步发挥中央和省财政资金的引导作用，支持全省光纤到户改造、终端补贴和农村及偏远地区宽带网络建设运行维护，推进电信普遍服务工作。

（3）基础教育设施

河南省是义务教育大省，全省义务教育学校数、在校生数均居全国第一，但一些地区的农村学校存在规模较小、布局不合理、办学条件差、教育教学质量不高的问题。我国《教育法》《义务教育法》《教师法》《民办教育促进法》等法律明确规定了地方政府投入教育、规范办学的责任。省级政府履行教育职责主要有两方面：一是依法保障教育投入；二是依法履行对学校的监管责任。我国基础教育经费之前主要由县乡财政保障，这也导致基础教育发展存在很大的地方差异、城乡差异。因此，强化省级统筹是均衡发展基础教育的重要措施。近年来，我国已基本完成对义务教育生均公用经费的统筹，由中央财政和省财政各承担一定比例，做到城乡义务教育学校生均公用经费统一。但占基础教育经费比例较大的教师待遇仍主要由县乡财政保障，这不利于落实《教师法》的规定，无法保障教师

工资待遇，而要由省级财政统筹所有基础教育教师的工资待遇，这就需要全面改革经费保障机制。

3. 对卫生医疗设施、农田水利设施和文化娱乐设施的满意度分析

农民对卫生医疗设施、农田水利设施和文化娱乐设施的满意度相对较低，分别为59.4%、54.6%和47.9%。

(1) 卫生医疗设施

在调查中，受访农民纷纷表示“看病难、看病贵”问题凸显，同时新型农村合作医疗医药价格偏高与报销比例偏低的矛盾比较突出。社会保障投入对农民增收效应凸显出一定的滞后性，需要社会保障制度的不断完善；政府对医疗卫生投入的力度还有待加强，新型农村合作医疗的普及率要稳步提高，确保城乡医疗卫生服务均衡化，真正杜绝农村居民“因病返贫”等现象。农村医疗服务在整体上存在明显的缺陷，这种缺陷不仅仅表现为农村各级医疗卫生机构的“要素”问题(卫生人力资源匮乏、医疗质量低劣、医疗服务效率低等)，更表现为要素之间的“衔接”不畅(医疗卫生机构之间协同缺失，医疗信息“孤岛化”等)①。

(2) 农田水利设施

在调查中，受访农民对农田水利设施满意度不高。原因有两方面：一方面，国家在基础设施的建设投资中，注重大江大河的治理，对农田水利设施投资不足；另一方面，农田水利设施投资建设之后，按照“谁受益，谁支付”和“谁提供，谁获取”的运营维护机制，其直接后果是“建而不管”“建而不护”，最终造成农田水利设施权责不明、管理不善和发展滞后等问题。

具体来看，在集体经济时期，我国的农田水利建设曾取得显著的成就，并为

① 叶婷，2013. 农村三级医疗服务网络中的纵向医疗服务链现状及发展对策研究［D］. 武汉：华中科技大学.

改革初期农业的高速增长提供了基础。近年来，虽然国家逐年加大对农田水利等基础设施的投资力度，农业有效灌溉面积逐年增加，但是受灾、成灾和绝收面积呈徘徊趋势。现有的农田水利设施不能为农业生产提供保障，根本无法实现农业可持续发展。此外，很多农田水利设施是20世纪50年代遗留下来的旧设施，多数年久失修，处于瘫痪和半瘫痪状况，加上农田水利建设投资资金使用效率低下，农田水利设施建设过程中“重建设、轻管理”的现象普遍存在，农田水利设施供给不足和运行效率低下并存，农业灌溉用水短缺问题严重。因此，这种情况下，如何解决农村水利设施建设资金缺乏和有效地利用政府财政资金显得尤为重要。理论与实际表明，引入PPP模式能够解决政府发展公用事业资金不足的问题，该模式充分引入市场机制，对社会资源进行优化配置，从而更好地实现农村基础设施建设的社会效益和经济效益。

（3）文化娱乐设施

调查结果表明：受访农民对所在村庄的文化娱乐设施满意度最低，为47.9%。受国家财力限制，财政重点投向了发展生产的农村基础设施，而对精神享受类基础设施投入较少。此外，由于农民收入水平较低，农民将有限的资金主要投向了房屋建设、子女教育、婚嫁等家庭重大开支项目，没有余力投资文化娱乐设施。政府投入短缺和农民投资偏离，共同决定了农村文化娱乐设施建设的滞后，无法满足农民的需求，这与农民的意愿尚有很大差距。

6.3.2 农村基础设施投资建设意愿调查

调查发现，农民认为对其生产和生活起首要作用的基础设施是道路。由表6.4和图6-2可以看出，目前迫切需要解决的、排在前3位的基础设施分别是道路设施（65.7%）、卫生医疗设施（60.2%）和文化娱乐设施（53.2%）。

表 6.4　农村基础设施投资建设迫切性意愿调查

单位:%

类　别	道路设施	生活用水设施	用电设施	农田水利设施	通信设施	卫生医疗设施	文化娱乐设施	基础教育设施
投资迫切性	65.7	37.3	26.8	40.4	35.6	60.2	53.2	35.9

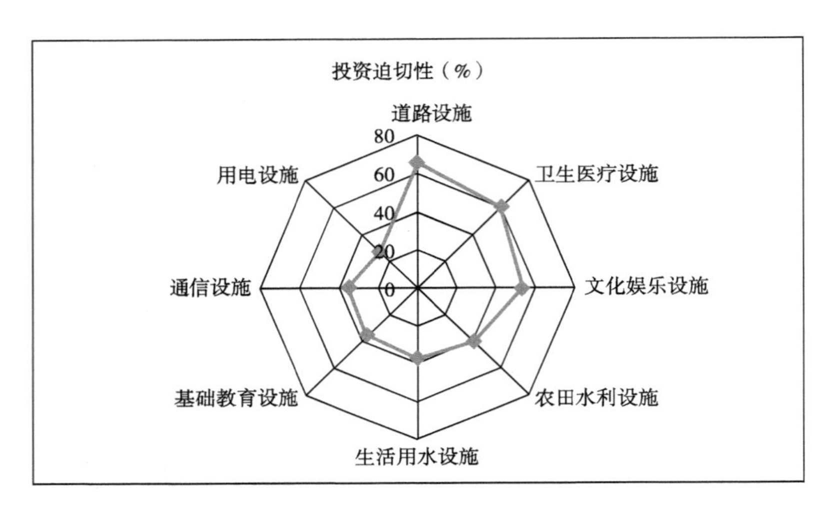

图 6－2　农民对农村基础设施投资建设排名

道路设施、卫生医疗设施和文化娱乐设施建设最为迫切，政府是农村基础设施投资建设的组织主体。调查中，农民普遍认同“要想富先修路”的道理，笔者在调查过程中还发现，有的村因为路况不好或公路不通，农民的农副产品卖不出好价钱，有的甚至卖不出去，导致农民增收困难。随着农村经济和社会的发展及农民生活水平的不断提高，农民对道路设施的依赖越来越强，也越来越认可对其建设的重要性和迫切性。在一定程度上讲，道路建设的好坏成为评价村庄经济和社会发展水平高低的重要标尺。

对“目前迫切需要解决的农村基础设施项目”这个题目的回答，排在前 3 位的分别是：道路设施（56.5%）、文化娱乐设施和农村基础教育设施（均为

38.8%)、农村医疗(36.5%)。由于很多农村基础设施属于纯公共产品或准公共产品，具有很强的外部性，私人提供往往缺乏效率，因此必须由政府扶持。然而，政府扶持并不意味着完全由政府公共财政提供或买单。一般来讲，属于纯公共产品的基础设施可以由政府公共财政提供，属于准公共产品的基础设施可以通过政府补贴，由政府和私人共同买单。比如，对一些农民可以从中直接受益的小型水利设施，可以采用国家给予适当补助，在切实加强民主决策和民主管理的前提下，本着“自愿互利、注重实效、控制标准、严格规范”的原则，引导农民投工投劳，这样可以大大节约建设成本和管理成本。

6.4 简短说明

通过本次调研情况分析，可以得出以下3条简短结论。

第一，农村基础设施建设，农民既是受益主体，又是主力军，应充分调动农民群众的积极性，组织和引导他们积极改善自身的生产和生活条件。我国地域广阔，各地经济发展水平也不尽相同，这就要求在农村基础设施投资建设中，广泛听取农民的意见，充分尊重农民的意愿，围绕农民的需求进行规划和投资建设，把政府支持与广大农民投工投劳有机结合起来。作为粮食主产区，河南省在保障我国粮食安全方面具有战略意义。加大农村基础设施投资建设力度，提高农村基础设施投资建设效率，是保证农民种粮积极性和提高农民收入的重要途径。农业收入的高低直接决定了农民生活水平的高低，因此加大农村基础设施投资建设力度，国家和有关部门采取有效的资金筹集方式，继续加大对该地区农业生产性和非生产性公共基础设施投资和建设力度，这对保障我国粮食安全和增加农民收入、提高农民生活水平具有举足轻重的作用。

第二，由于信息不对称，农村基础设施投资建设往往存在“搭便车”的机会主义。另外，农村基础设施外部性强，资金投入量大，单个经济组织和农民个体不愿意也不可能完全承担农村基础设施投资建设任务。因此，需要政府在农村基础设施投资建设过程中充分发挥宏观调控作用，弥补市场失灵，加大基础设施建设项目资金投入力度和资金补助力度，通过政策和其他一些措施引导民间资本和农民积极参与新农村建设，更好地推动我国农村基础设施投资建设。

第三，作为公共产品，在农村基础设施建设过程中，政府主导并通过相应的政策倾斜加大资金投入力度是政府应承担的责任，投融资至关重要。但是，加大资金投入和补助力度并不是农村基础设施建设的全部，农民过多地强调资金在基础设施建设中的作用而忽视其他方面（比如，吸引相关的社会资本、完善相关的法律保障、农民自身的参与等这些在我国农村基础设施建设中不可或缺的一些重要因素），显然不利于农村基础设施建设。如果没有相关法律作为保障，没有农民积极主动参与，无论国家财政投入资金量多大，也不能保障基础设施的有效建设和维护；而目前我国农村基础设施建设中存在的供给不足及“重建轻管”等问题，就很好地说明了这一点。由于相关基础设施产权不明，经常出现“国家管理不到，集体管理不好，农民管理不了”的情况，从而导致基础设施建设管理的低效率。再加上我国目前财力有限，还必须吸引一部分民间资本加入农村基础设施建设，通过市场机制优化资源配置，提高资金使用效率。因此，只有将这几方面很好地结合起来，才能更好地推进农村基础设施投资建设。

本章小结

在以上研究的基础上，选取河南省焦作市修武县农村基础设施投资建设进行

案例研究，具体包括4部分内容：首先，简要介绍了河南省农村基本情况；其次，简要概述了本次调查的数据来源及样本分析；再次，科学组织了河南省农村基础设施农民意愿调查，主要进行了两方面工作，即农民对农村基础设施投资建设的满意度和农民对建设农村基础设施的意愿等内容；最后，全面总结了本次调研工作。虽然前面的研究工作表明，河南省农村基础设施资本总量排在全国第三，农村基础设施政府角色定位满意度评价不错，但是实地调查结果表明，农民对卫生医疗设施、农田水利设施和文化娱乐设施等农村基础设施满意度不高。可见，加大资金投入和补助力度并不是农村基础设施建设的全部，今后应着重考虑3方面工作，即吸引相关的社会资本、完善相关的法律保障、合理确立农民需求偏好表达机制等。

第七章

提升农村基础设施投资贡献度及政府角色定位满意度政策建议

本章立足于前面章节的农村基础设施投融资理论分析、资本总量分析、投资贡献度测算、政府角色定位满意度测评和案例研究等工作，针对农村基础设施投资主体不全、投入总量不足及供给机制不强等问题，提出了切实可行的政策建议，以期有效提升农村基础设施投资贡献度及农民对政府角色定位的满意度，更快地实现乡村振兴战略下的“农业强、农村美、农民富”。

7.1　健全投资主体作用发挥机制

首先，强化政府投资主体地位，继续加大公共财政支持力度。国内外的实践证明，农村基础设施建设是“农业强、农村美、农民富”全面实现的物质保障和先决条件。加强农村基础设施投资，首当其冲的是以政府为主的公共财政支持。因此，我国应坚持财政支出优先支持农村、农业发展，预算内固定资产投资优先投向农业基础设施和农村民生工程，土地出让收益优先用于农业土地开发和农村基础设施建设，尤其是公益性农村基础设施建设。我国应当参考经济发达国家的财政支农情况，并结合我国的国情，继续加大公共财政支出对农村基础设施建设的支持力度，条件成熟时可以考虑学习西方发达国家如法国的大农业保险制度，建立由国家主导的农业风险防范保险基金。

其次，提升农村金融机构的服务水平，为农村基础设施建设搭建良好的融资平台。现有的农村金融机构主要包括农村信用社、农业发展银行、邮政储蓄银行、村镇银行、农村资金互助社等。农村金融机构容易深入农村，最了解当地农村经济的特点和发展需求，通过农村金融机构搭建融资平台，能够为农村基础设施建设提供更及时和准确的服务。我国应当继续推动完善农村金融扶持政策，创新农村金融机构的产品与服务，引导农民专业合作社规范开展信用合作，探索满足农村金融需求有效办法。农村金融机构应该根据农村经济建设的实际需要，不断增加服务产品，改进服务模式。比如，农村金融机构可以充当某些农村基础设施建设的投融资主体，通过发行债券等方式从发达的金融市场融资吸引社会资本参与农村基础设施建设。

最后，建立市场化的投融资主体，确立 PPP 投融资管理模式。随着党和国家对农村基础设施建设的大力支持，农村基础设施建设的社会关注度也日益增强，对国内外投资者的吸引力也日益增强。建立市场化的农村基础设施投融资主体，即鼓励民间资本、农民集体、农民个人、商业结构和外资将资金投入急需资金的农村基础设施建设项目中来。采取“财政贴息、先建后补、以奖代补”等方式，引导和调动各类社会团体参与农村基础设施投资与建设的积极性。推广以企业或合作社等各类新型经营主体投资为主、银行贷款为补充、政府贴息补助为杠杆的“投贷贴”投资模式，从而相对减轻国家的财政负担，满足大量投资者的投资需求，为农村基础设施建设争取更多的资金支持。

在建立市场化的投融资主体基础上，还可以建立 PPP 投融资管理模式。结合农村基础设施的类型及其投资特点，合理确定 PPP 投融资管理模式。具体来看，作为非经营性的农村基础设施，该类农村基础设施不易排除“搭便车”现象，可以采取外包类 PPP 模式，即服务外包、管理外包、O&M（Operations & Maintenance，委托运营）的形式，适当鼓励与政府债务脱钩的公有制经济主体参与相关 PPP 项目；作为准经营性的农村基础设施，该类农村基础设施兼具一定的竞争性和公益性，可以采取特许经营 PPP 模式，具体可以采取 DBO（Design-Build-Operate，设计－建设－运营）、BOOT（Build-Own-Operate-Transfer，建设－拥有－运营－转让）或 DBFO（Design-Build-Finance-Operate，设计－建设－融资－运营）形式，吸引和鼓励各类社会资本参与相关 PPP 项目；作为纯经营性的农村基础设施，可以参考城市基础设施市场化运营方式，采取私有化类 PPP 模式，即 BOO（Build-Own-Operate 建设－拥有－运营）或 PUO（Purchase-Upgrade-Operate，购买－更新－运营）形式。同时，全面探索制定农村基础设施 PPP 模式的行业标准、合同指南和管理细则，因地制宜地对社会资本的专业资质、技术水平、管理经验、财务实力、信用状况、基本抗风险能力等进行细致规定，从而提高项目融资和运营效率。

需要指出的是，我国农村基础设施 PPP 模式尚处于起步阶段。该模式的探索是对政府执政智慧的考验，也是政府提升公共治理能力的重要契机。政府需要做两方面的工作：一方面，政府需要在宏观层面上完善相关的法律法规，制定积极的鼓励政策，加快相关部门管理制度的配套改革，营造良好的投资软环境；另一方面，政府需要在微观层面上充分考虑农民意愿和投资者利益，精选优化项目，全面细致地评估风险，充分论证所选择的管理模式，精心设计运作流程，并制定合理的监管方式等。

7.2　完善农民需求偏好表达机制

为了确保农村基础设施供给与需求的一致，根除自上而下的供给决策失败造成的有限投入的损失，应充分尊重农民意愿，构建“由下而上”和“自上而下”相结合的利益表达及公共决策机制，从而构建以农民需求为导向的农村基础设施供给制度，以改善农村基础设施投资建设供需不平衡现状。

首先，应定期召开村民大会，如实反映农村居民对农业基础设施的需求，即在村民委员会和乡镇人民代表大会的基础上，由全体村民或村民代表对本辖区内的基础设施供给进行投票表决，使一个村或一个乡（镇）范围内多数居民对基础设施的需求偏好得以显示。

其次，建立农村基础设施分类决策制度，对于小型农村基础设施供给，采用全体村民投票表决的形式来决定供给与否；对于跨村的农村基础设施供给，可以选举村民代表共同商讨方案；对于大型县镇（乡）级或地区级基础设施供给，可以采用听证会制度，综合各方意见，得出决策方案，在此基础上再由县镇（乡）人民代表大会投票决定。

最后，通过完善“一事一议”、项目申请公示等政策措施充分尊重农民对基础设施投资项目的知情权、参与权、管理权和监督权，围绕农民的需求进行项目规划与建设。同时，完善“自上而下”的供给决策程序，建立行之有效的监督约束和评价机制，引导村民积极参与民主决策，从而完善农民需求偏好表达的有效性。

7.3　建立基层政府政绩评价机制

为了实现农村基础设施的有效供给，应完善基层政府的政绩评价机制，结合农民的实际需求，来改进农村基础设施在内的公共产品的提供方式，实现农村基础设施供给和需求的有效对接。

一是使评估主体多元化。评估主体主要包括主管部门、内部外部专业评估机构、农民等，尤其要充分重视农民的评价，让农民广泛参与到政府供给基础设施的绩效考核中。村委会是农民公共需求表达的重要途径，可作为农民代表参与到政府政绩评价中。同时，为了防止出现村委会在评估政府过程出现寻租行为，可以深入农民群体做随机基层考核。

二是使评估标准科学合理。建立科学合理的政绩评估标准，要根据某地具体特征、农民需求等确定绩效考核指标，还要注重长远的社会效益，实现农村可持续发展。对于基础设施供给来说，要将绩效考核的指标从数量转到质量上，全方位考核基础设施供给规划是否合理、是否有后续服务等，充分考虑基层政府供给基础设施时具有的长远效益和潜效益。

三是以提高各类农业基础设施投资效益、强化现代农业物质支撑为目标，把握公益性、准公益性和经营性三大类型农业基础设施建设和运行的特点，分别建立科学的方法和制度，有针对性地开展农业基础设施建设与运行绩效评价工作，具体来看：当在任官员提供基础设施不力时，可给予不予升迁等处罚；若是离任官员且又未退休，可将其贬回基层政府，当其管理好后再视情况考虑是否升迁；若是离任官员且已退休，将其退休金罚没作为该村基础设施供给的体制外资金。当基层政府官员公共产品供给取得成绩时，给予一定嘉奖，如下达文件表扬并作为升迁的政绩等。同时，将评价结果与后续项目支持和部门工作考核挂钩，从而不断提高农村基础设施投资建设的决策、管理和运行水平。

本章小结

本章针对农村基础设施投资主体不全、投入总量不足及供给机制不强这3个层次的问题，提出了切实可行的政策建议，主要包括健全投资主体作用发挥机制、完善农民需求偏好表达机制及建立基层政府政绩评价机制等内容。

结　论

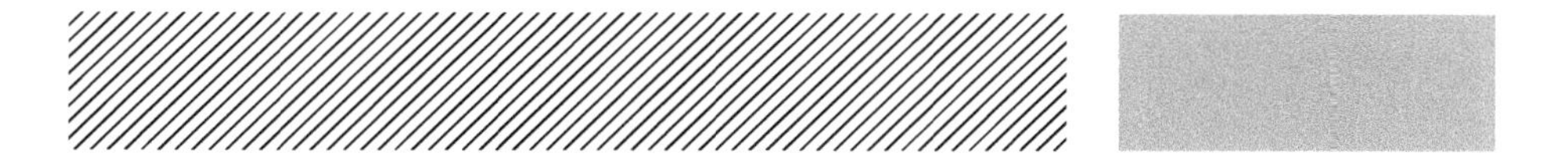

本书以农村基础设施投资贡献度与政府角色定位满意度为研究切入点，较好地实现了预期的研究目标。具体来看有以下几方面。

1. 农村基础设施投融资理论分析

本研究运用公共产品理论、项目融资理论和项目区分理论，在界定农村基础设施概念和特点的基础上，着重强调世界银行关于基础设施划分标准和类别，以项目区分理论为指导，阐释了非经营性农村基础设施、准经营性农村基础设施和纯经营性农村基础设施投融资的关注要点及其特点，为后续研究的开展奠定了良好的理论支撑。

2. 农村基础设施资本存量测度

在系统梳理永续盘存法理论的基础上，科学测算出28省、市、自治区5类农村基础设施投资资本存量。在此过程中，对经济折旧率的计算、基年资本存量的估计、当年投资额的选取和投资品价格指数的选择进行不同方案的设计对比工作，以最优化为标准，最终测算出合理翔实的各类农村基础设施资本存量，实现了预定目的。该研究内容难点在于基础数据的收集与甄选。

3. 农村基础设施投资贡献度测算

利用2003—2010年我国省级面板数据，样本属于“大*N*，小*T*”型平衡面板数据，通过*F*检验和*Hausman*检验，其结果拒绝混合OLS回归和随机效应模型，故而采用固定效应模型，在估计过程中注重消除异方差的影响，实证研究以电力、燃气及水和水利、环境等公共设施为主的生产类，以交通运输、仓储和邮政为主的流通类和以教育和卫生、社会保障和社会福利为主的服务类农村基础设施投资贡献度。测算结果证实了我国农村基础设施人均存量逐年上升，但投资效率降低不可回避的事实。更为重要的是，在样本观察期间，对各类农村基础设施投资贡献度的大小有了定量判定结果。

4. 农村基础设施投资政府角色定位满意度测评

该部分研究内容主要基于改进的 ACSI 模型进行政府角色定位满意度测评工作，即运用问卷调查与入户访谈相结合的方式，在对美国 ACSI 模型进行完善的基础上，构建基于政府角色定位满意度的评价模型和三级指标体系，以河南省实际情况为例，运用模糊综合评价法测评农村基础设施投资政府角色定位满意度。其测评结果表明，河南省农村基础设施投资农民对政府角色定位满意度总体上较好。但需要强调的是，农民非常满意的不到受访对象的 1/4。因此，今后农村基础设施建设中应注重农民需求偏好表达机制的构建。

5. 提升农村基础设施投资效率的对策研究

立足于上述研究内容，结合项目负责人十年来对这方面的研究积累，提出以下政策建议：健全投资主体作用发挥机制、完善农民需求偏好表达机制及建立基层政府政绩评价机制等。

本书虽然对农村基础设施投资贡献度及政府角色定位满意度测评的一些关键问题尽可能地展开深入研究，以此为研究基础，将其理论基础及研究思路应用到空港建设投融资的研究并取得了较为丰富的成果，但是由于篇幅和时间所限，仍然存在许多需要进一步深化和完善的内容。

第一，农村基础设施投资建设研究是一个十分复杂的系统，本项目从政府角度进行了系统分析，今后研究中应侧重农民对基础设施的供给意愿测算工作，农民对农村基础设施供给行为欠缺原理分析。在农民的供给意愿与能实现的供给行为之间，各种正式制度和非正式制度、各类正式组织和非正式组织如何发挥促进或阻碍作用，将是下一步研究的方向。

第二，模型构建与处理还需完善。在估算各省农村基础设施资本存量时，虽采用的估算方法是科学可靠的，但选择了同一折旧率(13.91%)，在今后研究中应具体考虑各地区、各类农村基础设施的折旧率的差异，使得估算结果更为科学。同时，在研究农村基础设施政府角色定位满意度工作中，问卷调研仅在河南省进行，希望今后在精力和财力允许的情况下，可以考虑进行全国范围内的典型农村调研工作，获得第一手完整的资料，从而提高模型的拟合度。

参考文献

[1] Bjorn Wellenius, Vivien Foster, 2004, Chuistina Malmberg Calvo. Private Provision of Rural Infrastructure Services: Competing for Subsidies[R]. World Bank Policy Research Working Paper, August.

[2] 财政部农业司课题组，2004. 公共财政覆盖农村问题研究报告[J]. 农业经济问题，(7)：48-56，80.

[3] 陈银娥，刑乃千，师文明，2012. 农村基础设施投资对农民收入的影响——基于动态面板数据模型的经验研究[J]. 中南财经政法大学学报，(1)：97-103.

[4] 傅晋华，郑风田，2008. 研究综述：农村基础设施的经济增长效应[J]. 贵州财经学院学报，(5)：88-92.

[5] 甘娟，朱玉春，2011. 民间资本介入农村基础设施研究——基于晋陕蒙资源富集区31个乡镇的调查[J]. 经济问题探索，(11)：153-158.

[6] 郝二虎，胡凯，陈小萍，2015. 农村基础设施存量的增收效应——基于全国30个省级面板数据的分析[J]. 农村经济，(4)：64-68.

[7] 黄伟南，曾福生，2015. 农业基础设施投融资建设的研究综述[J]. 世界农业，(3)：70-75.

[8] 黄伟南，曾福生，2014. 国外农业基础设施投融资模式的经验分析[J]. 世界农业，(3)：67-71.

[9] 惠恩才，赵军蕊，2014. 我国农村基础设施建设项目融资模式研究[J]. 长春大学学报，(5)：585-591.

[10] J. M. 凯恩斯，2000. 预言与劝说[M]. 南京：江苏人民出版社.

[11] 贾敬全，卜华，徐梅，2011. 公共物品理论视角下的农村基础设施投资模式刍议[J]. 青海社会科学，(4)：28 –31.

[12] 贾敬全，祝伟展，2016. 基于证据理论的农村基础设施投融资绩效评价研究[J]. 淮北师范大学学报（哲学社会科学版），(6)：16 –18.

[13] 贾康，孙洁，2006. 农村公共产品与服务提供机制的研究[J]. 管理世界，(12)：60 –66.

[14] 姜涛，2012. 农村基础设施公共投资的区域差距测度——基于回归的分解方法[J]. 经济问题，(6)：72 –77.

[15] 金戈，2016. 中国基础设施与非基础设施资本存量及其产出弹性估算[J]. 经济研究，(5)：41 –56.

[16] 李琴，李大胜，熊启泉，2009. 我国农村基础设施供给的优先序——基于广东英德、鹤山的实证分析[J]. 上海经济研究，(6)：11 –18.

[17] 李闻一，许昆鹏，2011. 农村公共基础设施农民满意度模型及评价指标构建研究[J]. 湖北第二师范学院学报，(5)：74 –76，98.

[18] 李学婷，黄汉俞，2013. 华中地区农村基础设施建设现状的农民满意度分析——以湖北省荆州市岑河镇为例[J]. 中国农业大学学报，(5)：205 –212.

[19] 李志军，刘海燕，刘继生，2010. 中国农村基础设施建设投入不平衡性研究[J]. 地理科学，(6)：839 –846.

[20] 林万龙，2007. 中国农村公共服务供求的结构性失衡：表现及成因[J]. 管理世界，(9)：62 –68.

[21] 林振德，赵伟，2016. 农村公共基础设施投资区域差异影响因素研究[J]. 农村经济，(1)：88 –94

[22] 刘鸿渊，2016. 二维视角下农村社区性公共产品供给难题与破解[J]. 求索，(12)：115 –120.

[23] 刘晓凯，张明，2015. 全球视角下的 PPP：内涵、模式、实践与问题[J]. 国际经济评论，(4)：53 –67，5.

[24] 骆永民，樊丽明，2008. 农村基础设施的经济效应及农民满意度研究——基于山东省44 个行政村的实地调查分析[J]. 经济问题探索，(12)：67 –73.

[25] 骆永民，樊丽明，2012. 中国农村基础设施增收效应的空间特征——基于空间相关性和空间异质性的实证研究[J]. 管理世界，(5)：71 –87.

[26] P. Satish，2007. Rural Infrastructure and Growth：An Overview [J]. Indian Journal of Agricultural Economics，(1)：1 –45.

[27] 彭代彦，吴宝新，2008. 农村内部的收入差距与农民的生活满意度[J]. 世界经济，(4)：79 –85.

[28] 邱聪江，2010. 创新农村公共产品供给的决策机制[J]. 国家行政学院学报，(4)：91 –93.

[29] 让・巴蒂斯特・萨伊，1963. 政治经济学概论[M]. 北京：商务印书馆.

[30] Solow R，1957. Technical change and the aggregate production function [J]. Review of Economics and Statistics，(39)：312 –320.

[31] 邵笛，2014. 基于 ACSI 的政府危机管理公众满意度指数模型实证分析[J]. 上海管理科学，(5)：85 –91.

[32] 沈坤荣，张璟，2007. 中国农村公共支出及其绩效分析——基于农民收入增长和城乡收入差距的经验研究[J]. 管理世界，(1)：30 –42.

[33] 宋洪远，2004. 中国乡村财政与公共管理研究[M]. 北京：中国财政经济出版社.

[34] 田国双，王敏，2011. 我国农业基础设施投融资方式探析[J]. 学术交流，(10)：119 –122.

[35] 田祥宇，李沛玥，2016. 我国农村基础设施投资公平性影响因素研究——基于享有公平的视角[J]. 宏观经济研究，(11)：142 –151.

[36] 王灏，2004. PPP：模式的廓清与创新[J]. 投资北京，(10)：76.

[37] 卫龙宝，张菲，2012. 农村基层治理满意程度及其影响因素分析——基于公共物品供给的微观视角[J]. 中国农村经济，(6)：85 –96.

[38] 项英辉，薛飞，李荣彬，2011. 农村基础设施不同融资模式适用性的比较分析[J]. 辽宁行政学院学报，(1)：73 –75.

[39] 徐淑红，2010. 农村基础设施投资资本存量测算[J]. 系统管理学报，(2)：177 –182.

[40] 徐淑红，2011. 农村基础设施投资贡献度模型构建研究[J]. 工程管理学报，(3)：288 –291.

[41] 徐淑红，2015. 航空港建设投融资与管理研究[M]. 北京：清华大学出版社.

[42] 亚当. 斯密，1999. 国民财富的性质和原因的研究[M]. 北京：中国社会科学出版社.

[43] 严宏，田红宇，祝志勇，2017. 农村公共产品供给主体多元化：一个新政治经济学的分析视角[J]. 农村经济，(2)：25 –31.

[44] 晏强，李建华，2014. 农村基础设施投资建设存在的问题及其对策研究[J]. 当代经济研究，(3)：71 –74.

[45] 袁建华，赵伟，郑德，2010. 农村公共投资满意度情况调查及其敏感度分析[J]. 中国软科学，(3)：58 –65.

[46] 詹慧龙，刘虹，唐冲，2015. 我国农业基础设施建设及服务需求研究[J]. 农村经济，(12)：116 –120.

[47] 张林秀，罗仁福，刘承芳，2005. 中国农村社区公共物品投资的决定因素分析[J]. 经济研究，(11)：11.

[48] 张权，2018. 基于顾客满意度理论的公共产品供给效率研究[J]. 当代经济研究，(4)：85 –91.

[49] 张秀莲，王凯，2012. 我国农村基础设施投入的地区不平衡性研究[J]. 经济体制改革，(6)：97 –100.

[50] 张勇，2015. PPP 模式与地方政府债务治理[J]. 价格理论与实践，(12)：136 –138.

[51] 赵伟，林振德，刘菲菲，等，2017. 农村基础设施投资公平性的趋势及其成因[J]. 农业技术经济，(2)：93 –101.

[52] 赵燕，2012. 国内幸福感研究 20 年发展与展望[J]. 广西社会科学，(3)：128 –132.

[53] 郑方辉，2011. 幸福指数及其评价指标体系构建[J]. 学术研究，(6)：51 –57.

[54] 郑生钦，贺庆，闫小波，等，2016. 基于 SEM 的农民对农村基础设施的满意度研究[J]. 项目管理技术，(4)：13 –19.

[55] 中共中央国务院，2018. 关于实施乡村振兴战略的意见[A]. 国发[2018]1 号.

[56] 周君，周林，2014. 新型城镇化背景下农村基础设施投资对农村经济的影响分析[J]. 城市发展研究，(7)：14 –17，23.

[57] 周密，张广胜，2010. “一事一议” 制度的运行机制与适用性研究[J]. 农业经济问题，(2)：38 –43，110 –111.

[58] 周庆元，2011. 农村公共物品需求表达机制的构建[J]. 开发研究，(1)：90 –93.

[59] 朱玉春，唐娟莉，2010. 农村公共品投资满意度影响因素分析——基于西北五省农户的调查[J]. 公共管理学报，(3)：31 –38，123.

[60] 朱玉春，唐娟莉，罗丹，2011. 农村公共品供给效果评估：来自农户收入差距的响应[J]. 管理世界，(9)：74 –80.